태양과
바다와
인간

일러두기

- 알베르 카뮈의 산문집 『표면과 이면』의 서문으로 시작하여 그의 노벨상 수상 연설인 「스웨덴 연설」로 마무리되는 이 책은 카뮈가 쓴 에세이 중에서 작가로서의 깊은 고뇌와 예술에 대한 성찰을 담은 핵심적인 텍스트들을 가려 뽑아 번역하고 엮은 것이다. 번역을 위해 옮긴이가 사용한 대본은 2006년과 2008년에 모두 네 권으로 간행된 갈리마르 출판사의 플레야드 총서 개정판(Albert Camus, *Œuvres complètes*, Paris, Gallimard, coll. « La Bibliothèque de la Pléiade »)이다.
- 이 책의 각주에는 원주와 내용의 이해를 돕기 위해 덧붙인 옮긴이 주가 함께 있다. 원주에는 첫머리에 [원주]라고 표기하였고, [원주] 표기가 없는 각주는 모두 옮긴이 주다. 읽기의 편의를 위하여 각주 표기는 해당 단어가 포함된 구(句) 다음에 넣었다.
- 중략한 부분은 [⋯]로 표기하였다.
- 작품의 원전은 글의 말미에 표기하였다.

태양과 바다와 인간

알베르 카뮈 선집

알베르 카뮈 지음
송진석 옮김

한울

차례

『표면과 이면』 서문 • 6

아이러니 • 21

예와 아니오 사이 • 25

영혼의 죽음 • 37

티파자의 결혼 • 51

부조리와 자살 • 62

부조리의 벽 • 71

부조리의 자유 • 76

정복 • 80

시지프 신화 • 83

『반항인』 서론 • 90

반항인 • 92

정오의 사유 • 104

허무주의를 넘어서 • 107

아몬드 나무 • 112

과거가 없는 도시들을 위한 작은 안내서 • 117

헬레네의 추방 • 123

수수께끼 • 131

티파자로의 귀환 • 135

스웨덴 연설 • 142

옮긴이의 말 • 149

작가 연보 • 163

『표면과 이면』 서문

예술가는 그렇듯, 그와 그가 말하는 것을 평생토록 먹여 살리는 단 하나의 원천을 저마다 자기 깊은 곳에 갖고 있다. 이 원천이 고갈되면 작품이 조금씩 조금씩 메말라 금이 가는 것을 볼 수 있다. 그것인즉 보이지 않는 물줄기가 이제 더 이상 물을 대주지 않는 예술의 불모지가 되어버린 것이다. 머리의 숱이 줄고 메말라 버린 예술가는 그루터기만 남아 이제는 침묵에나, 아니면 어차피 마찬가지겠지만 살롱에나 어울리게 된다. 나는 나의 원천이 『표면과 이면』에, 저 가난과 빛의 세계에 있음을 안다. 나는 그 세계 속에서 오랫동안 살았고, 이 기억은 모든 예술가를 위협하는 두 가지 모순된 위험, 곧 원한과 만족으로부터 지금도 여전히 나를 지켜준다.

먼저 가난은 나에게 불행이었던 적이 결코 없다. 빛이 그것에 자신의 부를 흩뿌려 주었던 덕분이다. 빛은 심지어 나의 반항들조차도 밝혀주었다. 나는 속이지 않고 말할 수 있다고 생각하는데, 그 반항들은 모두를 위한 반항이었고, 모두의 삶이 빛 속에 고양되도록 하기 위한 반항이었다. 나의 가슴이 생래적으로 그러한 종류의 사랑에 준비되었는지는 확실하지 않다. 그런데 상황이 나를 도왔다. 비참과 태양의 중간에 자리 잡게 된 사실이 나의 생래적 무심함을 바로잡아 주었다. 비참은 해 아래 모든 것, 역사 속 모든 것이 선하다고 내가 생각하는 것을 막았다. 태양은 역사가 전부가 아님을 나에게 가르쳐 주었다. 삶을 바꾸어야 한다. 그렇다. 하지만 내가 나의 신(神)으로 삼던 세상을 바꾸는 것은 안 될 일이었다. 아마도 그렇게 나는 줄타기 곡예에 순진하게 뛰어들어 지금의 편하지 않은 길을 시작했다. 이 길을 나는 힘들게 나아가지만 목표에 도달할지는 확실하지 않다. 달리 말해, 나는 예술가가 되었다. 거부도 동의도 없는 예술이란 존재하지 않는 게 사실이라면 말이다.

어쨌거나 나의 어린 시절을 지배하던 아름다운 열기는 나에게서 모든 원한을 제거해 주었다. 나는 빈궁 속에서 살았다. 하지만 또한 일종의 환희 가운데 살았다. 나는 나에게서 무한한 힘을 느꼈다. 오로지 그것을 쏟아부을 데를 찾기만 하면 되었다. 가난은 이 힘에 장애로 작용하지 않았다. 아프리카에서 바다와 태양은 돈이 들지 않는다. 장애는 오히려 편견이나 어리석음에 있었다. 나는 '카스티야 기질'을• 키울 소지가 다분했고, 그것은 나에게 상당한 해악을 끼쳤다. 나의 친구이자 스승인 장 그르니에는•• 그것에 대하여 정당히 나를 놀렸으며, 나는 그것을 고쳐보고

• 카스티야는 스페인 중부 지역을 가리키며 옛 왕국의 이름이기도 하다. 카뮈가 말하는 '카스티야 기질'은 '태양과 빛에 익숙하며 그것을 소중히 생각하는 열정적인 사람의 기질' 정도로 이해할 수 있겠다. 카뮈의 어머니가 스페인 출신이다.

자 헛되이 애썼지만 결국에는 숙명적 본성이라는 것 또한 있음을 깨닫게 되었다. 샹포르가* 말하듯, 자기 성격보다 더 강한 원칙을 스스로에게 부과하기보다 자신의 자부심을 수긍하고 그것이 일을 하도록 애쓰는 편이 보다 낫게 여겨졌던 것이다. 그러나 나 자신에게 물어본즉, 우리 가운데 가장 널리 퍼져 있는 결점이 나의 수많은 약점 중에는 결코 나타난 적이 없음을 나는 증언할 수 있으니, 그것은 사회와 주의(主義)들의 진짜 암세포라고 할 시기(猜忌)이다.

장점이 아닐 수 없는 이 행복한 면역은 나에게서 비롯된 게 아니다. 나는 그것을, 거의 모든 것이 결핍되어 있었으나 거의 아무것도 시기할 줄 몰랐던 나의 식구들에게 우선 빚지고 있다. 오로지 침묵으로, 조심성으로, 자연스럽고 소박한 자부심으로, 이 가족, 심지어 읽을 줄조차 모르던 그 가족은 가장 드높은 교훈을 나에게 주었고, 이 교훈은 아직도 나에게 한결같이 남아 있다. 그리고 나 자신의 느낌에 너무나도 몰두해 있어서 다른 것을 꿈꿀 수가 없었다. 지금도 여전히, 파리에서 엄청난 부를 누리며 사는 사람들을 볼 때, 그러한 모습은 종종 나에게 거리감을 느끼게 하면서 동정심을 불어넣는다. 세상에는 많은 불공평이 있지만 사람들이

** 장 그르니에(Jean Grenier, 1898~1971)는 프랑스의 철학자이자 작가이다. 그의 시적 산문은 한국에도 잘 알려져 있다.

* 니콜라 샹포르(Nicolas Chamfort, 1741~1794)는 경구와 격언으로 유명한 프랑스의 작가이다.

결코 말하지 않는 게 하나 있으니, 그것은 기후의 불공평이다. 이 불공평에 대하여서만큼은, 나는 오래전부터 모르는 사이에 수혜자였다. 여기서 사나운 박애주의자들이 나의 글을 읽고 비난하는 소리가 들려오는 것만 같다. 나는 노동자들이 부자로, 부르주아들이 가난한 사람들로 통하게끔 하고 있는데, 이는 전자의 안온한 굴종과 후자의 힘을 보다 오래 유지하기 위해서라는 것이다. 아니다. 그것은 아니다. 오히려 철들 무렵에 이르러 우리 도시들의 끔찍한 변두리에서 내가 발견했던 하늘도 희망도 없는 삶과 가난이 결합할 때 차마 눈 뜨고 볼 수 없는 최후의 불의는 완성된다. 정말이지 그 사람들이 비참과 불결이라는 이중의 치욕에서 벗어나도록 하기 위해서는 모든 것을 해야 한다. 노동자 구역에서 가난하게 태어난 나지만 우리의 냉혹한 교외를 알기 전에는 진짜 불행이 무엇인지 알지 못했다. 하늘이 있고 없는 차이를 감안하면 아랍 사람들의 극빈조차도 그것에 비견될 수 없다. 그러나 변두리 공장지대를 일단 알게 되면, 생각건대 영영 더럽혀진 것 같은 느낌을 갖게 되며, 그렇게 그 존재에 대하여 책임을 느끼고야 만다.

내가 말한 것은 여전히 엄연한 사실로 남아 있다. 이따금 나는 내가 상상조차 할 수 없는 부 가운데 살고 있는 사람들을 만난다. 하지만 그 부를 시기하는 이들이 있을 수 있음을 내가 이해하려면 아무래도 노력이 필요하다. 오래전에 나는 이 세계의 부로 충만한 일주일을 산 적이 있다. 우리는 해변에서 지붕 없이 잠을 잤고 과일로 배를 채웠으며 낮의 절반을 사람 없는 물속에서 보냈다. 이 시기에 나는 하나의 진리를 배웠고, 그것은 나로 하여금 안락함 또는 정착의 표지들을 언제나 아이러니, 짜

증과 함께, 때로 분노와 함께 받아들이게끔 했다. 현재 나는 내일에 대한 걱정 없이, 따라서 혜택받은 사람으로 살고 있지만 도대체 소유할 줄을 모른다. 내가 갖고 있는 것, 내가 그것을 구하지 않았지만 나에게 제공된 것을 나는 간직할 수가 없다. 이는 풍부해서가 아니라 다른 종류의 인색함 때문인 것 같다. 나는 재산의 과잉이 시작되면서 사라지는 이 자유에 대하여 구두쇠이다. 나에게 가장 위대한 사치는 항상 어떤 헐벗음과 일치했다. 나는 아랍이나 스페인 사람들의 헐벗은 집을 좋아한다. 내가 살고 일하길 좋아하는(그리고 더 드문 경우이지만 거기서 죽어도 상관없는) 장소는 호텔방이다. 안의 삶(내면의 삶과 그토록 자주 반대인)이라 불리는 것에 나는 단 한 번도 나 자신을 방기할 수 없었다. 이른바 부르주아적 행복은 나를 따분하게 하고 질겁하게 만든다. 이러한 부적응은 그런데 조금도 영광스럽지 못하다. 그것은 나의 나쁜 결점을 먹여 살리는 데 적잖이 기여했다. 나는 그 무엇도 시기하지 않으며, 이것은 나의 권리이다. 한데 나는 다른 이들의 시기 또한 생각하지 않고, 이는 나에게서 상상력을, 다시 말해 호의를 빼앗는다. 사실 나는 나 자신을 위해 금언을 하나 만들었다. "큰 문제들에는 자신의 원칙을 적용해야 하고 사소한 것들에는 연민으로 족하다." 아! 금언을 만드는 것은 자기 성격의 구멍을 메우기 위해서이다. 내가 말하는 연민은 나의 경우 차라리 무심함으로 불리어 마땅하다. 그 효과는, 쉽사리 짐작할 수 있는 것처럼, 신통치 않다.

나는 다만 가난이 반드시 시기를 전제하지 않는다는 사실을 강조하고자 한다. 나중에 중병이 나에게서 잠정적이나마 생명의 힘을 빼앗고 내 안의 모든 것을 변하게 했을 때조차, 보이지 않는 장애와 그로 인해 내가 새로이 감수해야만 했던 약함에도 불구하고, 나는 두려움과 의기소침은 느꼈을지언정 절대로 쓰라림은 겪지 않았다. 아마도 이 병은 이미 나의 것이었던 족쇄들에 다른 족쇄들, 그것도 가장 힘겨운 족쇄들을 추가했다. 하지만 그 병은 결국 가슴으로 느끼는 이 자유, 인간적 이해관계에 대한 이 경쾌한 거리 두기에 유리하게 작용했고, 다시 한 번 나를 원한으로부터 보호했다. 이 특권, 나는 파리에 살기 시작한 이래로 그것이 왕의 것임을 안다. 한데 나는 그 특권을 한량없이, 후회 없이 누렸고, 적어도 지금까지 그것은 나의 삶 전체를 밝혀주고 있다. 예컨대 예술가로서 나는 경탄 속에서 살기 시작했고, 이는 어떤 의미에서는 지상낙원이다. (오늘날 프랑스에서 문단에 데뷔할 때나 심지어 그곳에서의 경력을 끝낼 대의 관행은 도리어 조롱할 예술가를 한 사람 고르는 것이다.) 마찬가지로 인간으로서 나의 열정이 '반대'였던 적은 결코 없다. 내가 사랑한 존재들은 언제나 나보다 뛰어나고 위대했다. 내가 겪은 가난은 그러므로 나에게 원한을 가르치지 않았다. 오히려 어떤 충실성과 말없는 끈기를 가르쳐 주었다. 내가 그것을 망각하는 일이 일어난다면 그 책임은 오로지 나 자신 또는 나의 결점들에 있지, 내가 태어난 세계에 있지 않다.

그 시절의 기억은 또한 직업 활동을 하면서 나 자신에 대하여 만족하지 않도록 해주었다. 여기서 나는 작가들이 대개 침묵하는 것에 대하여 가능한 단순하게 말해보고자 한다. 내가 상기시키는 것은 성공한 책이나 페이지 앞에서 느끼는 것처럼 보이는 만족이 아니다. 많은 예술가들이 정말로 그것을 아는지 잘 모르겠다. 나로서는 끝맺은 페이지를 다시 읽으면서 기쁨을 느낀 적이 한 번도 없는 것 같다. 말 그대로 이해해도 좋은데, 나의 책 가운데 몇 권의 성공은 언제나 나를 놀라게 했음을 고백한다. 물론 그것에 익숙해지기는 한다. 그것도 꽤나 천박하게. 하지만 오늘날에도 여전히 내가 그 진가를 인정하는 살아 있는 작가들과 비교하면 나는 그저 한 사람의 도제(徒弟)에 불과함을 느낀다. 그러한 작가들 중 가장 뛰어난 한 사람은 벌써 이십 년 전 이 에세이들이 헌정된 바로 그분이다.• 작가에게는 당연히, 그가 그것을 위해 살고, 그를 만족시켜 주는 기쁨이 있기 마련이다. 나는 구상의 순간에, 주제가 드러나며 문득 명료해진 감수성 앞에서 작품의 뼈대가 그려지는 찰나에, 상상력이 지성과 완전히 혼동되는 그 감미로운 순간에, 그 기쁨을 만난다. 이 순간은 생겨난 만큼이나 빠르게 지나간다. 그러고는 실행이 남는다. 다시 말해 긴 고역이.

다른 차원에서 예술가는 허영의 기쁨 또한 갖고 있다. 작가라는 직업은, 특히 프랑스 사회에서는, 커다란 부분에서 허영의 직업이다. 나는 이 말을 경멸 없이 한다. 다만 약간의 유감은 있다. 나는 이 점에서 다른 사람들과 비슷하다. 사실 이 우스꽝스러운 장애를 전혀 갖고 있지 않다고 누가 자신할 수 있을까? 어쨌거나 시기와 조롱이 난무하는 사회에서 비웃음을 뒤집어쓴 작가가 그 불쌍한 기쁨의 값을 혹독하게 치르는 날은 어김없이 찾아오기 마련이다. 이십 년 동안의 문학적 삶을 통해 나는 그 같은 기쁨을 아주 적게만 맛보았고, 그마저도 시간이 지나면서 점점

• [원주] 장 그르니에

더 줄어들기만 했다.

나의 직업의 공적 실천에 편하게 임하는 것을 방해하고, 친구가 생겨나는 것을 막은 숱한 거부들로 나를 이끌었던 것은 『표면과 이면』에서 엿보았던 진리에 대한 기억 때문이 아닌가? 실제로 칭찬이나 오마주를 모른 체하면, 스스로를 의심할 뿐임에도 칭찬한 사람을 무시하는 것처럼 되어버린다. 만약 내가 문학의 길에서 맞닥뜨리게 되는 신랄함과 영합의 혼합을 보여주었더라면, 그토록 많은 사람들이 그러하듯 내가 보여주기를 심지어 과장했더라면, 나는 더 많은 공감을 얻었을 것이다. 요컨대 나는 게임에 응한 셈이기 때문이다. 그러나 어쩌랴. 이 게임은 나를 즐겁게 하지 않으니! 뤼방프레나 쥘리앙 소렐의 야심은• 종종 순진함과 초라함으로 나를 어리둥절하게 만든다. 니체, 톨스토이 또는 멜빌의 야심은 그들의 실패 자체로 인해 나를 혼란스럽게 한다. 나의 가슴속 비밀스러운 곳에서 나는 오로지 가장 가난한 삶, 또는 정신의 위대한 모험 앞에서만 부끄러움을 느낀다. 오늘날 웃음을 터뜨리게 만드는 사회는 이 둘 사이에 위치한다.

방자하게도 '모든 파리'라고 불리는 명사들의 무리와 내가 맞닥뜨리는 유일한 자리인 연극 개막 공연에 이따금 갈 때면, 객석이 금방 사라지는

• 뤼시앙 드 뤼방프레는 발자크의 소설 『잃어버린 환상』(1837, 1843), 쥘리앙 소렐은 스탕달의 소설 『적과 흑』(1830)의 주인공으로, 둘 다 사회적 상승을 꿈꾸는 젊은 야심가이다.

것 같은, 눈에 보이는 이 세계가 존재하지 않는 것 같은 느낌을 갖게 된다. 나에게는 맞은편의 것들, 무대에서 외치는 위대한 인물들이 실제인 듯 여겨진다. 이럴 때 도망치지 않기 위해서는 관객들 또한 각자 자신과의 대면을 앞두고 있다는 사실을 상기해야만 한다. 그들은 그것을 알고 있고, 아마도 잠시 후 자신과 대면할 것이라는 점을 생각해야 한다. 그렇게 나는 즉각 그들에 대하여 다시금 우애의 감정을 느끼게 된다. 사회가 갈라놓은 사람들을 고독이 다시 이어주는 것이다. 그러니 이러한 사실을 알면서 어떻게 이 세계에 아첨을 하고 그 속에서 하찮은 특권을 누리며 모든 책의 모든 저자에게 찬사를 보내고 호의적인 비평가에게 보란 듯이 감사를 표한단 말인가? 또한 어떻게 적을 유혹할 시도를 하며, 특히 프랑스 사회가 (저자가 있는 데서. 왜냐하면 그가 떠나고 난 다음에는!……) 페르노나* 통속 잡지처럼 소비하는 찬사와 경탄을 무슨 얼굴로 받아들인단 말인가? 이 모든 것 가운데 아무것에도 나는 성공하지 못했고, 이는 엄연한 사실이다. 어쩌면 여기에는 내가 그 폭과 힘을 잘 알고 있는 내 안의 몹쓸 오만이 작용하는지도 모르겠다. 그러나 오로지 그것뿐이라면, 다시 말해 나의 허영만이 문제가 된다면, 나는 오히려 반복적으로 거북함을 느끼는 대신에 피상적으로나마 찬사를 즐길 수도 있으리라. 한데 그렇지는 않은 것이, 나와 같은 직업의 사람들이 공통으로 갖고 있

---

* 페르노(Pernod)는 아니스 향이 들어간 술로, 프랑스에서는 식전의 아페리티프로 애용된다.

는 허영이, 상당한 몫의 진실을 담고 있는 비평들에 대하여 특히 반응하는 것을 내가 느끼는 까닭이다. 찬사 앞에서, 내가 익히 잘 아는 바보 같은 못난 표정을 짓게 되는 것은 거만 때문이 아니라 (나에게는 마치 선천적 장애와도 같은 깊은 무심함과 더불어) 그때 나에게 드는 별난 느낌, 곧 '이게 아니야……' 때문이다. 아니다, 그게 아닌 것이다. 그리고 바로 그러한 까닭에 이른바 평판이라는 것은 때로 그토록 받아들이기가 힘들고, 또 그 평판을 잃어버리는 데 필요한 행동을 하면서 일종의 몹쓸 기쁨을 느끼기까지 하는 것이다. 반면에 오랜 세월이 흐르고 나서 이번 출간을 위해 『표면과 이면』을 다시 읽어보니 어떤 페이지들 앞에서는 그 서투름에도 불구하고 바로 이것임을 본능적으로 알겠다. 이것, 다시 말해 노파, 말없는 어머니, 가난, 이탈리아에서 본 올리브나무 위의 빛, 혼자이거나 사람이 있는 사랑. 곧 나의 눈에 진실을 증언하는 모든 것.

이 페이지들을 쓴 이후 나는 늙었고 많은 일을 겪었다. 나는 나 자신에 대하여 배웠고, 나의 한계와 약점 거의 모두를 절감했다. 사람들에 대하여는 배운 게 그리 많지 않은 건, 왜냐하면 나의 호기심은 그들의 반응보다 운명을 향하고, 운명들이란 다분히 반복되는 경향이 있기 때문이다. 나는 적어도 그들이 존재하며, 이기주의가 부인할 수 없는 것이라면 필히 밝은 눈을 갖고 있어야 함을 배웠다. 자기도취는 안 될 일이다. 나는 그것에 필요한 상당한 소질을 갖고 있음에도 불구하고 그것을 안다. 나는 고독을 잘 모르지만, 고독이라는 것이 존재한다면 경우에 따라서는 마치 낙원처럼 그것을 꿈꾸어 볼 수도 있으리라. 모든 사람들처럼 나는 이따금 그것을 꿈꾼다. 하지만 고요한 두 천사가 그리로 들어가는 것을 늘 막아주고 있으니, 한 천사는 친구의 얼굴을, 다른 천사는 적의 얼굴을 하고 있다. 그렇다. 나는 이 모든 것을 안다. 그리고 또한, 아니면 거의, 사랑 때문에 치러야만 하는 것을 배웠다. 그러나 삶에 대하여만큼은 『표면과 이면』에 서투르게 진술되어 있는 것 이상을 알지 못한다.

"삶에 대한 절망 없이는 삶에 대한 사랑도 없다"라고 나는 과장이 없지 않게 이 페이지들에 썼다. 나는 진짜 절망의 시간을 아직 겪지 않은 터였다. 그 시간은 왔고, 내 안의 모든 것을 파괴할 수도 있었다. 삶에 대한 두서없는 욕구만은 제외하고 말이다. 『표면과 이면』의 가장 어두운 페이지들에서까지 폭발하고 있는 그 비옥한 동시에 파괴적인 열정 때문에 나는 아직도 여전히 고생하고 있다. 사람들이 말하길, 우리는 생애의 몇 시간만 진정으로 산다. 이 말은 한 가지 의미에서는 옳고, 다른 의미에서는 그르다. 이어지는 에세이들에서 느낄 수 있을 굶주린 열기는 나를 결코 떠난 적이 없으며, 결국 그것은 최악과 최선에서 삶 그 자체이다. 나는 그 열기가 내 안에 아마도 생겨나게 하는 나쁜 것을 바로잡아 보려고 애썼다. 모든 사람들처럼 나는 도덕에 따라 나의 성격을 고쳐보고자 이런저런 시도를 했다. 그러나, 아! 이는 나에게 가장 비싼 값을 치르게 했다. 힘을 쏟으면—나에게는 그러한 힘이 없지 않다—때로 도덕에 따라 처신하는 데 도달할 수 있다. 하지만 존재에 이르지는 못한다. 열정의 인간이면서 도덕을 꿈꾼다면, 그것은 정의를 말하는 바로 그 자리에서 불의에 몸을 바치는 꼴과도 같다. 이따금 인간은 나에게 걸어 다니는 불의처럼 보인다. 내가 생각하는 것은 나 자신이다. 만약 지금 이 순간 때로 내가 쓴 글에서 착각하거나 거짓을 말한 적이 있는 것 같은 느낌이 나에게 든다면, 그것은 나의 불의를 정직하게 알게끔 하는 방법을 내가 모르기 때문이다. 확실히, 내가 의롭다고 말한 적은 한 번도 없다. 다만 그렇기 위해 애써야 하며, 그것은 또한 고역이고 불행이라고 말한 적은 있다. 하지만 그 차이가 그리도 큰 것일까? 게다가 정의가 자신의 삶을 지배하게 하는 데 이르지 못하는 사람이 정의를 제대로 설파할 수 있을까? 최소한 명예에 따라, 다시 말해 의롭지 못한 인간들의 이 미덕에 따라 살 수만 있다면! 그러나 우리 세계는 명예라는 단어를 혐오한다. 귀족은 문학과 철학에서 욕(辱)인 까닭이다. 나는 귀족이 아니다. 이 책에 나의 대답이 담겨 있다. 여기 나의 가족, 나의 스승들, 나의 가계(家系)가 있다. 그들을 통해 나는 모두와 연결된다. 하지만, 그렇다, 나는 명예가 필요하다. 나는 그것이 필요 없을 정도로 충분히 위대하지 못하기 때문이다!

무슨 상관인가! 나는 다만 이 책 이후 내가 많이 걸었지만 실상은 그다지 진전하지 못했다는 점을 적고 싶었을 따름이다. 종종 앞으로 나아간다고 생각하면서 나는 퇴보하고 있었다. 그러나 결국 나의 과오, 나의 무지 그리고 나의 충실함이 언제나 나를, 내가 『표면과 이면』과 더불어 열기 시작한 그 옛길로 데려가곤 했다. 이후 내가 행한 모든 것 속에서 나는 이 길의 흔적을 보며, 예컨대 알제의 어느 아침에서와 똑같은 가벼운 취기를 느끼며 그 길을 걸어간다.

그렇다면 왜 그토록 오랫동안 이 미약한 증언의 재판 출간을 거부했단 말인가? 우선, 다시 반복하지만, 예술적 저항이 있었기 때문이다. 마치 다른 사람들에게서 도덕적이거나 종교적인 저항이 있는 것처럼 말이다. 자유로운 본성의 아들인 나에게 금지는 꽤나 낯선 것이지만, '이러한 것은 하는 게 아니다'라는 생각은 노예, 다시 말해 엄격한 예술 전통의 탄복하는 노예인 나에게는 엄연한 것이었다. 어쩌면 이 경계는 내 안의 깊은 무정부 상태를 겨냥하고 있고, 그러한 점에서 그것은 유익한 것으로 남아 있다. 나는 나의 무질서, 어떤 격렬한 본능, 나를 내던질 수 있는 볼품없는 방임을 잘 알고 있다. 예술 작품을 이룩하려면 우선 영혼의 어두운 힘을 사용해야 한다. 물론 그 힘을 잘 유도하여 둑을 두르고 물이 아주 잘 차오르도록 하지 않고서는 천만부당한 일이다. 한데 어쩌면 나의 둑은 오늘날에도 여전히 너무 높기만 하다. 그로부터 이따금 경직성이…… 간단히 말하자면 나 자신과 나의 말 사이에 균형이 이룩되는 날, 어쩌면 이날—감히 쓰건대 가까스로—나는 내가 꿈꾸는 작품을 지을 수도 있을 것이다. 내가 여기서 말하고 싶었던 것은 그 작품이 어떤 식으로건 『표면과 이면』과 흡사할 것이고 어떤 형태의 사랑에 대하여 말할 것이라는 사실이다. 그렇다면 내가 이 젊은 시절의 에세이들을 나만을 위해 간직했던 두 번째 이유를 이해할 수 있게 된다. 우리에게 가장 소중한 비밀들을 우리는 너무 서투르고 어지럽게 털어놓기 마련이다. 또한 너무 꾸민 가면 아래 드러내기도 한다. 그러느니 그 비밀들의 목소리가 계속 들리게는 하되 능숙한 솜씨로 그것들에 형태를 부여할 수 있기를, 자연스러움과 기교를 거의 같은 분량으로 결합할 수 있기를, 한 마디로 존재를, 기다리는 편이 더 나을 수 있다. 존재란 모든 것을 동시에 할 수 있음이다. 예술에서는 모든 것이 한꺼번에 오거나, 아니면 아무것도 오지 않는다. 불꽃이 없으면 빛도 없는 법이다. 스탕달은 어느 날 외쳤다. "나의 영혼은 타오르지 않으면 그저 고통스러운 불일 따름이다." 이 점에서 스탕달과 닮은 사람들은 타오름 속에서만 창조해야 할 것이다. 불꽃의 정수리에서 외침이 곧바로 터져 나와 말들을 창조하고, 이 말들은 다시 외침을 반향하게 한다. 여기서 내가 말하는 것은, 스스로의 존재에 대하여 확신하지는 못하지만 그렇다고 해서 다른 것이 아님은 분명히 아는 예술가인 우리가, 마침내 삶에 동의하기 위해 하루하루 기다리고 있는 바로 그것이다.

그렇다면, 어쩌면 부질없을 이 기다림이 문제인데, 왜 출간을 수락했단 말인가? 먼저 독자들이 찾은 논거가 나를 설복시켰다.• 또한 예술가의 인생에는 스스로를 둘러보고 자기 고유의 중심으로 다가가 거기 머무르려고 애쓰는 때가 언제나 찾아오기 마련이다. 바로 오늘이 그때이고, 이에 대하여 나는 더 말할 필요를 느끼지 않는다. 만약 언어를 수립하고 신화들이 살아 숨 쉬도록 하기 위한 그 많은 노력들에도 불구하고 내가 『표면과 이면』을 다시 쓰는 데 영영 이르지 못한다면, 나는 결국 아무것에도 이르지 못한 셈이 될 것이다. 이는 나의 막연한 확신이다. 어쨌거나 내가 그것에 성공할 것을 꿈꾸고, 한편으로는 어머니의 경탄할 만한 침묵을, 다른 한편으로는 정의, 또는 어머니의 침묵에 균형을 부여

• [원주] 그것은 간단하다. "이 책은 이미 있지만 아주 적은 부수뿐인지라 서점들에서 비싼 가격에 팔린다. 왜 부유한 독자들만이 그것을 읽을 권리가 있단 말인가?" 사실 왜?

해 줄 사랑을 되찾으려는 한 사람의 노력을, 내가 작품의 중심에 다시 한 번 놓는 모습을 상상하는 것을 막는 것은 아무것도 없다. 인생의 꿈에서, 그 사람은 죽음의 땅에서 자신의 진실을 찾았다가 잃어버리고는 전쟁, 외침, 정의와 사랑의 광기, 그리고 마지막으로 고통을 가로질러 죽음 자체가 행복한 침묵인 고요한 고향으로 돌아온다. 여기 또다시…… 그렇다. 심지어 유형의 시간에조차 내가 꿈꾸는 것을 막는 것은 아무것도 없다. 왜냐하면 이것, 곧 사람이 쓴 작품은 예술의 에움길들을 거쳐, 맨 처음 가슴이 열렸던 두세 개의 단순하고도 위대한 이미지들을 되찾으려는 먼 길 이외에 다른 아무것도 아님을, 나는 확실히 알고 있기 때문이다. 어쩌면 바로 그렇기 때문에 이십 년 동안의 일과 생산 뒤에도 여전히 나의 작품은 시작되지 않았다는 생각과 함께 나는 계속해서 살고 있는지도 모르겠다. 재판 출간을 맞아 내가 처음으로 썼던 페이지들을 되돌아보는 이 순간 여기 적어두고 싶은 것은 우선 그것이다.

—『표면과 이면』

아이러니

그들은 할머니, 그녀의 작은아들과 큰딸, 그리고 이 딸의 두 아들, 이렇게 다섯이서 살았다. 장애가 있는 딸은 생각에 어려움이 있었으며, 두 아들 가운데 하나는 벌써 보험회사에서 일했고 어린 아들은 학교에 다녔다. 일흔 살이 되어서도 할머니는 여전히 식구들을 지배했다. 그녀의 침대 위로는, 목 부분을 메달로 여민 검은색 드레스를 입고 꼿꼿이 선, 지금보다 다섯 살 젊은 그녀의 모습을 담은 초상화를 볼 수 있었다. 맑고 차가운 커다란 눈에 주름 하나 없는 얼굴을 지닌 그녀는 여왕의 자세를 하고 있는데, 오로지 나이 때문에 그 자세를 포기해야 했지만 길에 나서면 때로 그것을 되찾으려는 시도를 하기도 했다.

바로 그 맑은 눈 때문에 손자는 아직도 얼굴이 화끈거리는 기억을 갖게 되었다. 노파는 사람들이 방문하면 엄한 시선을 그에게 고정한 채로 묻곤 했다. "누가 더 좋아? 네 엄마냐 할머니냐?" 놀이는 딸이 자리에 있을 때면 더욱 흥미로워졌다. 아이는 어쨌거나 "할머니요"라고 대답했지만, 언제나 침묵하는 어머니를 향한 사랑이 가슴에 치밀어 올랐기 때문이다. 아이의 대답에 손님이 놀라면 어머니는 말하곤 했다. "어머님이 길러주셨으니까요."

그것은 또한 노파가 사랑은 요구하는 것이라고 생각했기 때문이기도 하다. 그녀는 자신이 훌륭한 주부라는 인식으로부터 일종의 완고함과 불관용을 끌어냈다. 그녀는 단 한 번도 남편을 속이고 바람을 피운 적이 없고, 그에게 아홉 명의 아이를 낳아주었다. 남편이 죽은 뒤에는 정력적으로 가족을 부양했다. 그들은 변두리의 농장을 떠나 오래된 가난한 동네에 표착하여 거기서 오래 살았다.

확실히 그 여인에게는 훌륭함이 없지 않았다. 그러나 판단에서 타협을 모르는 나이였던 손자들에게 그녀는 그저 배우일 뿐이었다. 그들은 한 이모부로부터 의미심장한 이야기를 들었다. 이모부는 장모를 보러 왔다가 하릴없이 창가에 있는 그녀를 보았다. 한데 그녀는 손에 걸레를 들고 그를 맞았고, 집안일을 돌보느라 시간이라고는 나지 않아 그렇듯 일을 계속해야만 하는 데 대하여 양해를 구했다. 고백할 것은 매사가 그러했다는 사실이다. 가족들 간에 말다툼이라도 있고 나면 그녀는 아주 쉽게 까무러쳤다. 그녀는 또한 간염으로 인한 고통스러운 구토 때문에 고생했다. 그런데 병을 앓되 가림이라고는 조금도 몰랐다. 자리를 떠나 자신을 감추기는커녕 부엌의 오물통에 대고 요란하게 토하곤 했다. 그런 다음에는 용을 쓰느라 흘러나온 눈물로 가득한 창백한 얼굴로 가족들에게 돌아왔고, 좀 누우라고 애원할라치면 만들어야 할 음식과 집안을 이끌어야만 하는 자신의 위치를 상기시켰다. "여기 모든 일을 내가 해야 하니까." 그리고 또 "내가 죽으면 너희들은 어찌될지!"

자식들은 그녀의 구토, 그녀가 '발작'이라고 부르는 것, 그녀의 불평에 익숙해졌고 더 이상 신경 쓰지 않게 되었다. 어느 날 그녀는 몸져누웠고 의사를 요구했다. 가족들이 의사를 부른 것은 그녀의 뜻을 거스르지 않기 위해서였다. 첫째 날 의사는 단순한 불편함을, 둘째 날은 간암을, 셋째 날은 심각한 황달을 진단했다. 하지만 어린 손자는 거기서 새로운 희극을, 더욱 고도화된 시늉을 볼 따름이었다. 그는 불안을 느끼지 않았다. 그 여인이 그를 어찌나 핍박했던지, 그의 처음 시선은 비관적인 것일 수가 없었다. 사랑의 거부와 명철에는 일종의 절망적 용기가 있다. 한데 아픈 시늉을 하다 보면 실제로 병을 앓을 수도 있는 것이다. 할머니는 시늉을 죽음에까지 밀고 나갔다. 마지막 날 자식들 앞에서 그녀는 내장의 가스를 배출했다. 그녀는 솔직하게 손자에게 말했다. “봐라. 내가 돼지 새끼처럼 방귀를 뀌는구나.” 그녀는 한 시간 뒤 죽었다.

손자는 자신이 아무것도 이해하지 못했음을 이제 제대로 느끼고 있었다. 그러나 자기 앞에서 그 여인이 행한 가장 흉측한 마지막 시늉조차도 연기라는 생각에서 당최 벗어날 수가 없었다. 자신이 느끼는 아픔을 스스로에게 질문해 보았지만 도무지 찾아낼 수가 없었다. 다만 장례식 날 모두가 울음을 터뜨리는 통에 그도 울기는 했다. 하지만 죽음 앞에서 진지하지 못하게 거짓을 꾸민다는 두려움을 느껴야만 했다. 햇살이 가로지르는 화창한 겨울날이었다. 하늘의 푸른빛 속에서 온통 노란빛으로 반짝이는 추위를 짐작할 수 있었다. 묘지는 도시를 내려다보는 위치에 있었고, 마치 젖은 입술인 양 빛으로 떨리는 만(灣) 위로 아름다운 투명한 햇빛이 내리는 것을 볼 수 있었다.

이 모든 것은 화해할 수 없는가? 고약한 진실. 영화관에 가기 위해 방치하는 여인, 더 이상 이야기를 들어주지 않는 노인, 아무것도 씻지 못하는 죽음, 그리고 반대쪽에 펼쳐진 세상의 모든 빛. 이 모두를 받아들이면 어찌 될까? 비슷하지만 다른 세 운명. 누구에게나 죽음이 있다. 그러나 저마다 다른 죽음이. 여하튼 태양이 우리의 뼈를 덥혀준다.

— 『*표면과 이면*』

예와 아니오 사이

유일한 낙원은 잃어버린 낙원이라는 말이 사실이라면, 오늘 나에게 깃든 이 애틋하고 비인간적인 무엇을 어떻게 불러야 할지 나는 알겠다. 고향을 떠난 사람은 집으로 돌아오기 마련이다. 나는 기억한다. 아이러니, 경직, 모든 것이 입을 닫고, 나는 다시 고향에 있다. 나는 행복을 되새김질하려는 게 아니다. 내가 하고자 하는 것은 그보다 더 단순하고 더 쉽다. 망각의 바닥에서 나를 향해 끌어 올린 그 시간들 가운데 특히 순수한 감동의 온전한 기억, 영원 속에 정지된 순간의 온전한 기억이 남아 있는 까닭이다. 내 안에서는 그것만이 진실인데, 나는 그러한 사실을 언제나 너무 늦게 안다. 우리는 구부러지는 몸짓, 풍경 속에 적절히 자리 잡은 나무를 좋아한다. 이 모든 사랑을 재창조하기 위해, 우리는 하나뿐이되 그것으로 족한 디테일밖에는 갖고 있지 않다. 너무 오랫동안 닫혀 있었던 방 냄새, 길을 걸어가는 묘한 발소리 같은 디테일. 적어도 나의 경우는 그러하다. 만약 그때 내가 나를 내어주면서 사랑했다면, 그것은 내가 마침내 나 자신이었음을 말한다. 왜냐하면 사랑만이 우리를 우리 자신에게 되돌려 놓기 때문이다.

느리게, 평온하게, 심각하게, 그 시간들이 되돌아온다. 더 강하고 더 감동적이다. 저녁이고 슬픈 시간이며 빛 없는 하늘에는 일종의 막연한 욕망이 있기 때문이다. 어느 날엔가 이런 말을 들었다. "사는 게 이렇게나 힘들어." 그 어조가 기억난다. 또 한번은 누군가 불평했다. "최악의 오류는 고통을 주는 거야." 모든 게 끝나면 삶의 갈증도 꺼진다. 행복이라고 하는 것이 거기 있을까? 이와 같은 기억들을 따라가면서 우리는 눈에 띄지 않는 똑같은 옷을 모든 것에 입히고, 죽음은 낡은 색조의 배경막처럼 나타난다. 우리는 우리 자신에게로 되돌아온다. 우리는 우리의 비탄을 느끼고, 그로 인해 더 잘 사랑한다. 그렇다. 어쩌면 행복은 이것인지도 모른다. 우리의 불행에 대한 측은한 감정.

오늘 저녁이 그러하다. 아랍인 도시 끝의 이 무어인 카페에서 나는 지나간 행복이 아닌 하나의 이상한 감정을 기억한다. 벌써 밤이다. 벽 위에서는 다섯 개의 가지를 펼친 종려나무들 사이로 카나리아처럼 노란 사자들이 초록색 옷을 입은 족장들을 쫓아가고 있다. 카페 한구석에 있는 아세틸렌 램프가 일렁이는 빛을 던진다. 실내를 실제로 밝혀주는 것은 초록색, 노란색 법랑을 입힌 작은 화덕 속 불이다. 불꽃이 홀의 중앙을 밝히고, 나는 그 반영을 얼굴 위로 느낀다. 나는 문과 만(灣)을 마주하고 있다. 구석에 쭈그리고 앉은 주인은 바닥에 박하 잎 하나가 남아 있는 나의 빈 잔을 바라보는 것 같다. 실내에는 아무도 없고, 저 아래쪽으로는 도시의 소음이, 더 멀리 만에는 불빛들이 있다. 아랍인이 매우 큰 소리를 내며 숨을 쉬고, 그의 눈이 미광 속에서 빛난다. 먼 곳의 저것은 바다 소리인가? 세상이 나를 향해 긴 리듬으로 한숨지으며, 죽지 않는 것의 무심함과 고요를 나에게 가져다준다. 커다란 붉은 반영들이 벽 위의 사자들을 너울대게 한다. 공기가 차가워진다. 바다 위의 사이렌 소리. 등댓불이 돌아가기 시작한다. 초록빛, 붉은빛, 흰빛. 그리고 언제나처럼 세상의 커다란 한숨. 그 무심함으로부터 일종의 비밀스러운 노래가 태어난다. 나는 고향에 돌아왔다. 나는 가난한 동네에서 살았던 한 아이를 생각한다. 그 동네, 그 집! 이층집이었는데 계단에는 불이 없었다. 긴 세월이 흐른 지금, 그는 여전히 캄캄한 어둠 속에서조차 그리로 돌아갈 수 있을 것이다. 단 한 번도 발을 헛디딤이 없이 전속력으로 계단을 올라갈 수 있으리라는 것을 그는 안다. 그의 몸 자체에 그 집이 배어 있다. 그의 다리들이 계단의 정확한 높이를 간직하고 있다. 손은 계단 난간에 대한, 결코 극복할 수 없었던 본능적 공포를 기억한다. 바퀴벌레 때문이었다.

여름날 저녁, 노동자들은 발코니에 가 앉는다. 그의 집에는 아주 작은 창문 하나밖에 없었다. 그래서 집 앞에 의자들을 내려다 놓고 저녁을 음미했다. 길, 바로 옆의 아이스크림 장수들, 맞은편의 카페들, 그리고 이 집에서 저 집으로 뛰어다니는 아이들의 소리가 있었다. 특히 커다란 무화과나무들 사이로 하늘이 있었다. 가난에는 고독이 있다. 한데 이 고독은 각각의 것에 그 가치를 되돌려주는 고독이다. 어느 정도의 부를 누리면 하늘 자체와 별이 가득한 밤은 일종의 자유재(自由財)인 듯 여겨진다. 그러나 부의 낮은 등급에서는 하늘이 온전한 의미를 되찾는다. 그것은 값을 매길 수 없는 은총인 것이다. 여름밤, 별들이 탁탁 튀는 것 같은 신비! 아이 뒤에는 악취 풍기는 복도가 있고, 터진 작은 의자는 그의 몸무게 때문에 약간 아래로 꺼졌다. 하지만 그는 눈을 쳐든 채 순수한 밤을 직접 입을 대고 마셨다. 이따금 널찍하고 빠른 전차가 지나갔다. 마지막으로 취한이 길모퉁이에서 콧노래를 흥얼거렸지만 침묵을 깨뜨리지는 못했다.

아이의 어머니도 말이 없기는 마찬가지였다. 때로 아이는 어머니에게 질문하곤 했다. "무슨 생각해?" 그녀는 대답했다. "아무것도." 사실이 그러하다. 모든 게 거기 있다. 그러므로 아무것도 생각할 게 없다. 그녀의 삶, 관심, 아이들은 그저 거기 있는 것으로 그만이다. 이 있음은 너무나도 자연스러운 것이어서 느껴지지 않는다. 그녀는 장애가 있고, 생각에 어려움이 있었다. 그녀의 어머니는 거칠고 군림하는 사람이었다. 사나운 짐승의 것 같은 자존심에 모든 것을 희생시키며, 허약한 정신을 지닌 딸을 오랫동안 지배했다. 이 딸은 결혼으로 해방되었지만 남편이 죽자 순순히 돌아왔다. 남편은 이른바 명예로운 전장에서 죽었다. 좋은 자리에 걸린 금박 입힌 틀에는 무공훈장과 메달이 담겨 있다. 병원에서는 또한 과부에게 남편의 몸에서 발견된 작은 포탄 파편을 보내주었다. 과부는 그것을 간직했다. 오래전부터 그녀는 더 이상 슬픔을 느끼지 않았다. 이렇듯 남편은 잊었지만 아이들의 아버지에 대하여는 계속해서 말한다. 아이들을 키우기 위해 그녀는 일을 하고 번 돈을 자기 어머니에게 갖다준다. 할머니는 승마용 채찍을 들고 아이들을 훈육한다. 그녀가 너무 세게 때리면 딸은 말한다. "머리는 때리지 마세요." 자기 아이들이기 때문에 그녀는 그들을 사랑한다. 그들에게 한 번도 내보인 적이 없는 한결같은 사랑으로 사랑한다. 그가 기억하곤 했던 그 저녁들처럼, 일을 하고 녹초가 되어 돌아온(그녀는 가정부다) 그녀는 가끔 집에 아무도 없는 것을 발견한다. 노파는 장을 보러 갔고, 아이들은 아직 학교에 있다. 그녀는 의자 위에 무너지듯 내려앉아 멍한 눈으로 바닥 나무관의 홈을 망연히 좇는다. 그녀 둘레로 어둠이 짙어지고, 그러한 가운데 묵언은 치유할 수 없는 황폐함으로 다가온다. 이때 집에 돌아온 아이는 어깨가 앙상한 야윈 실루엣을 발견하고는 흠칫 멈추어 선다. 겁이 난 것이다. 그는 많은 것을 느끼기 시작한다. 스스로의 존재를 거의 깨닫지 못할 정도로. 하지만 그 동물적 침묵 앞에서는 울기가 힘들다. 그는 어머니에게 연민을 느낀다. 그녀를 사랑하는 것일까? 어머니는 아이를 쓰다듬어 준 적이 없다. 그렇게 할 줄 모르기 때문이다. 그는 그녀를 바라보며 긴긴 순간들을 보낸다. 자기를 이방인으로 느끼는 데서, 그는 어머니의 아픔을 의식한다. 그녀는 그가 하는 말을 듣지 못한다. 귀머거리이기 때문이다. 잠시 후에는 노파가 돌아오고 삶이 다시 시작될 것이다. 석유램프의 둥근 빛, 밀랍 먹인 식탁보, 외침, 상스러운 말들과 함께. 하지만 지금 이 침묵은 정지된 시간을, 과도한 순간을 표시해 준다. 이것을 혼란스럽게 느낀 아이는 그를 사로잡는 마음의 고양(高揚) 가운데 어머니에 대한 사랑을 느낀다고 생각한다. 그리고 그래야만 한다. 어쨌거나 그의 어머니이기 때문이다.

그녀는 아무것도 생각하지 않는다. 바깥에는 빛과 소리, 여기는 어둠 속의 침묵. 아이는 성장할 것이고 배울 것이다. 사람들은 그를 양육할 것이고, 마치 고통을 면제해 주기라도 한 듯 그에게 감사 표시를 요구할 것이다. 하지만 그의 어머니는 언제나처럼 침묵을 지키리라. 그는 고통 속에서 자랄 것이다. 어른이 되는 것, 그것이 중요하다. 그의 할머니는 죽을 것이다. 그의 어머니와 그 역시.

어머니가 소스라치듯 놀란다. 두려움을 느낀 것이다. 그런 어머니를 바라보고 있자니 그는 얼빠진 것 같은 기분이 든다. 가서 숙제를 하렴. 아이는 이미 숙제를 했다. 그는 오늘 불결한 카페에 앉아 있다. 그는 이제 어른이다. 중요한 것은 이게 아닌가? 아닐 것이다. 왜냐하면 숙제를 하고 어른이 되길 받아들이는 것은 다만 늙음으로 이끌 따름이기 때문이다.

아랍인은 아직도 구석에 쭈그려 앉아서 두 손으로 발을 감싸고 있다. 테라스로부터 볶은 커피 냄새와 젊은 목소리들의 열띤 수다가 올라온다. 예인선 한 척이 여전히 무겁고 부드러운 음정을 던지고 있다. 여기 세상은 여느 날처럼 완료되고, 그것의 한없는 온갖 고통 가운데 이제 남은 것이라고는 오로지 이 평화의 약속밖에 없다. 그 기이한 어머니의 무심함! 내가 이 무심함을 가늠할 수 있게 해주는 것은 세상의 거대한 고독뿐이다. 어느 날 저녁 그녀 곁으로—벌써 장성한—아들이 불리어 왔다. 그녀에게 무서운 일이 일어나 심각한 뇌진탕을 겪었기 때문이다. 날이 저물 때면 그녀는 발코니에 나가 앉는 습관이 있었다. 의자를 하나 가져다 놓고는 발코니의 차갑고 짭짤한 철제 난간에 입술을 붙인 채 사람들이 지나가는 것을 바라보았다. 그녀의 뒤에서는 조금씩 조금씩 어둠이 집적되었다. 그녀 앞쪽의 상점들이 돌연 불을 밝혔다. 이윽고 길에 사람과 불빛이 많아졌다. 그렇게 그녀는 정처 없는 응시 속으로 빠져들어 가곤 했다. 문제의 저녁, 한 남자가 그녀 뒤에서 나타나 그녀를 끌고 가 난폭한 행위를 하고는 소리가 들리자 도망쳐 버리고 말았다. 그녀는 아무것도 보지 못했고 기절했다. 아들이 도착했을 때, 그녀는 누워 있었다.

의사의 의견에 따라 아들은 그녀 곁에서 밤을 보내기로 했다. 그는 침대의 그녀 옆 이불 위에 드러누웠다. 여름이었다. 방금 일어난 사건의 공포가 과열된 방 안에 감돌고 있었다. 희미한 발소리가 들리고 문이 삐걱거렸다. 무거운 공기 속에는 환자의 열을 내리기 위해 사용한 식초 냄새가 떠돌았다. 그녀는 몸부림치고 신음하다가 이따금 급작스럽게 소스라치곤 했다. 그러면 그는 온몸이 땀에 젖은 채 진작 걱정을 하면서 짧은 졸음을 떨쳐냈다가, 야등의 불꽃이 연거푸 세 차례 춤을 추는 손목시계를 들여다보고는 다시 무겁게 졸음에 빠져드는 것이었다. 이날 밤 그들이 얼마나 외로웠는지 실감한 것은 훨씬 나중의 일이었다. 모두의 맞은편에 오로지 그들만이 있을 뿐이었다. 두 사람이 신열을 호흡하고 있는 그 시각, '타인들'은 잠을 자고 있었다. 그 낡은 집에서는 모든 게 속이 빈 듯 보였다. 멀어지는 심야 전차들이 인간들로부터 오는 모든 희망, 도시의 소음이 우리에게 전해주는 모든 확신을 빨아들였다. 집은 여전히 전차 지나가는 소리로 울고, 점차 모든 게 꺼졌다. 이제 남은 것은 커다란 침묵의 정원뿐으로, 거기서는 이따금 환자의 겁에 질린 신음 소리가 자라나는 것이었다. 주위가 그토록 낯설게 느껴진 적은 결코 없었다. 세상은 해체되고, 그러한 세상과 함께, 삶은 매일 다시 시작한다는 환상 또한 해체되어 버렸다. 공부 또는 야심, 선호하는 레스토랑 또는 좋아하는 색깔, 이제 더 이상 아무것도 존재하지 않았다. 오로지 병(病)과, 자신이 그 속에 빠져 있다고 느껴지는 죽음……. 그렇지만 세상이 무너지는 바로 그 시각, 그는 살아 있었다. 심지어 그는 마침내 잠이 들고 말았다. 하지만 고독한 두 사람의 절망적이고도 애틋한 이미지를 뒤에 남겨두었던 것은 아니다. 나중에, 아주 나중에 그는 땀과 식초가 뒤섞인 그 냄새를, 그와 그의 어머니를 연결해 주는 끈을 느꼈던 그 순간을 기억해야만 했다. 마치 그 냄새가 그의 가슴의 거대한 연민이기라도 한 것처럼 말이다. 그것은 그의 둘레로 퍼져나가 몸을 갖고는 속인다는 걱정 따위 없이 감동적인 운명을 살아온 가난한 늙은 여인의 역할을 전심으로 연기하고 있는 것 같았다.

이제 화덕 속의 불이 재로 덮인다. 대지의 한결같은 한숨은 여전하다. 데르부카의• 또렷한 노래가 들려온다. 거기에 여자의 웃음 섞인 목소리가 들러붙는다. 만 위로 빛이 나아간다—아마도 낚싯배가 도크로 돌아오는가 보다. 내가 앉은 데서 보이는 삼각형의 하늘에서는 낮의 구름을 찾아볼 수가 없다. 별들로 가득 찬 하늘은 순수한 숨결 아래 떨고, 소리 없는 밤의 날개들이 나의 둘레에서 천천히 퍼덕인다. 이제 내가 더 이상 나의 것이 아닌 이 밤은 어디까지 갈 것인가? 단순함이라는 단어는 위험한 힘을 갖고 있다. 이 밤, 삶의 어떤 투명성 앞에서는 더 이상 아무것도 중요하지 않기에 죽음을 원할 수도 있음을 나는 이해한다. 한 사람이 고통 가운데 불행에 불행을 겪는다. 그는 그것을 감수하며 자신의 운명 속에 정착한다. 사람들은 그를 높이 평가한다. 그러던 어느 날 저녁 모든 게 수포로 돌아간다. 그는 그가 많이 좋아한 친구를 만난다. 하지만 이 친구는 그에게 건성으로 말한다. 그는 집으로 돌아가 목숨을 끊는다. 사

• 북아프리카 등지에서 연주할 때 쓰는 긴 모양의 북

람들은 내밀한 슬픔과 사적인 드라마를 말한다. 그게 아니다. 절대적으로 이유가 필요하다면, 그가 죽은 것은 친구가 그에게 건성으로 말했기 때문이다. 마찬가지로, 세상의 깊은 의미를 느끼는 듯 여겨질 때마다 매번 나를 뒤흔든 것은 그것의 단순함이다. 이날 저녁 나의 어머니, 그리고 그녀의 기이한 무심함. 한때 나는 변두리 집에서 개 한 마리와 모두 다 검은색인 고양이 한 쌍, 그리고 그들의 새끼들과 함께 살았다. 암고양이는 새끼들을 먹여 살릴 수가 없었다. 그리하여 하나씩 하나씩 새끼들이 죄다 죽고 말았다. 이들은 자기들 방을 오물로 가득 채웠다. 저녁에 집으로 돌아가면 입술이 뒤집힌 채 뻣뻣하게 굳은 한 마리를 발견하곤 했다. 어느 날 저녁 나는 마지막으로 남은 새끼 고양이가 어미에 의해 반쯤 먹힌 것을 발견했다. 벌써 냄새가 났다. 오줌 냄새에 죽은 새끼 냄새가 뒤섞이고 있었다. 나는 그 비참 한가운데 앉아서 오물 속에 손을 담그고 썩는 냄새를 호흡하면서, 구석에서 꼼짝도 않고 있는 암고양이의 초록색 눈 속에 번득이는 미친 불꽃을 오랫동안 바라보았다. 그랬다. 그날 저녁 정말로 그랬다. 빈궁의 어느 단계에서는 더 이상 어떤 것이 그 무엇에 이르지 못한다. 희망도 절망도 근거라고는 갖고 있지 않은 듯 보이며, 삶 전체가 그저 하나의 이미지로 요약될 따름이다. 하지만 어째서 거기 멈춘단 말인가? 초록색, 붉은색, 흰색으로 이어지는 등대의 불빛은, 그리고 또한 밤의 차가움과, 나에게까지 올라오는 도시와 빈곤의 냄새는 간단하다. 모든 게 간단하다. 오늘 저녁 나에게로 되돌아오는 것이 어떤 어린 시절의 이미지라면, 내가 거기서 끌어낼 수 있는 사랑과 가난의 교훈을 어째서 받아들이지 않는단 말인가? 그 시간은 예와 아니오 사이의 틈 같은 것이므로, 나는 삶에 대한 희망이나 염오는 다른 시간들로 돌린다. 그렇다. 잃어버린 낙원의 투명함과 단순함만을 거두어야 한다. 그것도 하나의 이미지 속에. 그렇게 얼마 전, 오래된 동네의 집으로 한 아들이 어머니를 보러 갔다. 그들은 침묵 속에서 마주 보고 앉았다. 그들의 시선이 마주친다.

"그래, 어떠세요, 엄마."

"그래, 이렇구나."

"심심해요? 제가 말을 너무 안 하나요?"

"오, 너는 말을 많이 한 적이 없어."

입술이 보이지 않는 아름다운 미소가 그녀의 얼굴 위로 용해된다. 정말이지, 그는 그녀에게 말을 한 적이 없다. 그런데 사실 그게 무슨 소용이 있을까? 침묵하면서 상황은 분명해진다. 그는 그녀의 아들이고, 그녀는 그의 어머니이다. 그녀는 그에게 말할 수 있다. "알잖아."

그녀는 소파 발치에서 발을 모으고 두 손을 무릎 위에 모은 채 앉아 있다. 그는 의자에 앉아 그녀를 거의 바라보지 않으면서 쉼 없이 담배를 피운다. 침묵이 감돈다.

"담배를 그렇게 많이 피우면 안 돼."

"그래요."

동네의 온갖 냄새가 창문을 통해서 다시 올라온다. 이웃 카페의 아코디언 소리, 발걸음을 재촉하는 저녁 시간의 이동, 쫄깃한 작은 빵을 곁들여 먹는 구운 고기 꼬치 냄새, 길에서 울고 있는 아이. 어머니가 일어나 뜨개질감을 집어 든다. 그녀의 곱은 손가락은 관절염으로 변형되었다.

일은 빨리 진척되지 않는다. 같은 코를 세 번 다시 하거나 둔탁하게 끊어지는 소리와 함께 한 줄 전체를 풀기도 한다.

"작은 조끼야, 흰 칼라를 달아서 입으려고. 여기에 검은 외투면 요번 한 철 옷은 해결된 거지."

그녀가 불을 켜기 위해 일어났다.

"이제 일찍 어두워지는구나."

정말이었다. 이제 더 이상 여름이 아니었고, 그렇다고 아직 가을도 아니었다. 포근한 하늘에서는 여전히 칼새가 울고 있었다.

"금방 올 거지?"

"아직 떠나지도 않았어요. 왜 그런 이야기를 하세요?"

"아니, 무언가 말하려고."

전차가 지나간다. 자동차도.

"제가 아버지를 닮은 게 사실이에요?"

"오, 네 아버지를 쏙 빼닮았지. 물론 너는 본 적이라고는 없지만. 네가 태어난 지 여섯 달 되었을 때 돌아가셨단다. 네가 작은 콧수염만 기른다면!"

어떤 확신이 있어서 그가 자기 아버지에 대하여 말한 게 아니다. 아무 기억도 아무 감정의 동요도 없다. 아마도 많은 사람들 가운데 한 사람. 그는 커다란 열망을 품고 떠났었다. 그러나 마른 전투에서 두개골이 열려 일주일 동안 눈이 보이지 않는 상태로 죽음과 싸웠고, 마을 추모탑에 이름이 새겨졌다.

"사실" 하고 그녀가 말한다. "그게 나아. 장님이 되거나 미쳐서 돌아왔을 거야. 그럼 그 불쌍한 이는……."

"그래요."

그게 언제나 낫다는 확신이 아니면, 세상의 모든 부조리한 단순함이 이 방으로 피신했다는 느낌이 아니면, 그를 이 방에 매어두는 것은 무엇인가?

"다시 올 거지?" 그녀가 말한다. "일을 해야 하는 거 잘 알아. 그래도 가끔……."

그러나 이 시각 나는 어디에 있는가? 과거의 그 방으로부터 어떻게 이 적막한 카페를 떼어놓을까? 내가 살고 있는 것인지, 아니면 기억하고 있는 것인지 더 이상 모르겠다. 등대의 불빛이 저기 있다. 나의 앞에 우뚝 선 아랍인이 문을 닫아야겠다고 말한다. 나가야만 한다. 나는 저 위험한 비탈을 이제 더는 내려가고 싶지 않다. 사실 나는 마지막으로 만과 그 불빛을 바라보고 있고, 이러한 나를 향해 올라오는 것은 보다 나은 내일에의 희망이 아니다. 그것은 모든 것과 나 자신에 대한 평온하고도 원초적인 무심함이다. 하지만 너무 맥없고 너무 쉬운 이 마음의 곡선을 깨뜨려야만 한다. 나는 명철이 필요하다. 그렇다, 모든 것은 단순하다. 일을 복잡하게 만드는 것은 인간들이다. 우리에게 이야기 따위는 하지 말길 바란다. 사형수를 두고 "그는 사회에 진 빚을 갚을 것이다"가 아니라 "그의 목을 자를 것이다"라고 말해야 한다. 이 말은 별것 아닌 것 같다. 하지만 그것은 하나의 작은 차이를 만든다. 그리고 또 자신의 운명을 두 눈 똑바로 뜨고 바라보는 것을 선호하는 사람들이 있다.

—『표면과 이면』

영혼의 죽음

프라하에 오후 여섯 시에 도착했다. 나는 곧장 보관소에 여행 가방을 맡겼다. 호텔을 찾기까지 나는 아직 두 시간의 여유가 있었다. 두 개의 여행 가방이 팔을 무겁게 하지 않으니 기이한 해방의 감정이 부풀어 올랐다. 역을 나와 공원을 따라 걷다 보니 문득 그 시각 사람들로 들끓는 바츨라프대로* 한가운데 있게 되었다. 나의 주위에는 이때껏 살아왔으나 그들의 삶의 아무것도 나에게 전해지지 않는 무수한 존재들이 우글대고 있었다. 여하튼 그들은 살고 있었다. 나는 나에게 친숙한 고장으로부터 수천 킬로미터 떨어진 곳에 와 있었다. 나는 그들의 언어를 알아듣지 못했다. 그들은 모두 서둘러 걷고 있었다. 나를 추월하면서 나에게서 떨어져 나갔다. 당황스러웠다.

나는 돈이 별로 없었다. 엿새 동안 먹고살 정도. 그러나 그 뒤에는 친

---

* 바츨라프(Václav, 907~929 또는 935)는 체코의 왕이자 보헤미아 공작으로 체코의 수호성인이다.

구들이 올 예정이었다. 하지만 이와 관련해서도 안심할 수 없기는 마찬가지였다. 따라서 값싼 호텔을 찾기 시작했다. 나는 새로운 도시에 있고, 나의 앞에 나타나는 호텔들은 빛과 웃음과 여자들로 눈부셨다. 나는 걸음을 빨리했다. 서두르는 움직임의 무엇인가가 이미 도주와 흡사했다. 여덟 시경, 지친 나는 구시가지에 도착했다. 그곳에서 작은 출입문이 있는 초라한 외관의 호텔이 나를 유혹했다. 나는 들어간다. 숙박부를 쓰고 열쇠를 받는다. 나의 방은 4층 34호실이다. 문을 여니 매우 호사스러운 방이다. 가격을 확인한다. 생각했던 것의 두 배에 달하는 금액이다. 돈 문제가 난감해진다. 이 대도시에서 나는 이제 가난하게 살 수밖에 없다. 방금 전까지만 해도 분명하지 않던 불안이 선명해진다. 마음이 불편하다. 속이 비고 공허한 느낌이 든다. 그러나 명철한 한순간. 옳건 그르건 사람들은 항상 내가 돈 문제에 있어서만큼은 대단히 무심하다고 말하곤 했다. 한데 무엇 한다고 여기서 이렇게 어리석은 걱정을 한다는 말인가? 하지만 벌써 정신이 작동한다. 먹어야 한다. 다시 걸으며 저렴한 식당을 찾아야 한다. 한 끼니에 10코루나 이상 지출해서는 안 된다. 보이는 식당들 가운데 가장 값이 싼 식당은 가장 덜 끌리는 식당이기도 하다. 식당들 앞을 지나가고, 다시 또 지나간다. 안쪽에서 마침내 나의 움직임을 포착한다. 들어가야만 한다. 과장된 벽화로 장식된, 꽤 어두운 지하 식당이다. 손님들은 제법 다양하다. 구석에서 아가씨 몇 명이 담배를 피우며 심각하게 말하고 있다. 식사를 하는 남자들 대부분은 나이와 얼굴이 잘 구별되지 않는다. 기름때 묻은 턱시도를 입은 덩치 큰 종업원이 와서 표정 없는 커다란 얼굴을 나에게 들이민다. 나는 서둘러서 아무렇게나, 나로서는 읽을 수가 없는 메뉴판의 음식 하나를 가리킨다. 그러나 이 음식은 설명이 필요한 것 같다. 종업원이 체코어로 나에게 묻는다. 나는 내가 아는 빈약한 독일어로 대답한다. 한데 그는 독일어를 모른다. 짜증이 난다. 종업원이 아가씨 가운데 한 명을 부르고, 아가씨는 허리에 왼손을 얹고 오른손에 담배를 든 채 축축한 미소를 머금은 고전적인 자세로 다가온다. 그녀는 나의 자리에 앉아 나만큼이나 서툰 독일어로 나에게 묻는다. 모든 게 해명된다. 종업원은 나에게 오늘의 요리를 추천하고 싶었던 것이다. 따지는 성격이 아닌 나는 오늘의 요리를 선택한다. 아가씨가 나에게 무엇인가 말하지만 도무지 알아들을 수가 없다. 물론 나는 가장 자신 있는 태도로 긍정적인 대답을 한다. 그러나 나의 정신은 딴 데 가 있다. 모든 것이 나를 짜증나게 하고, 나는 동요하며 배가 고프지도 않다. 그리고 언제나처럼 내 안의 이 고통스러운 뾰족한 끝과 죄어드는 배(腹). 예의를 차린다고 맥주 한 잔을 사준다. 오늘의 요리가 나오고, 나는 먹는다. 고기에 알갱이 굵은 밀가루를 곁들인 음식인데, 황당한 양의 커민 때문에 구역질이 난다. 하지만 나는 다른 것을 생각하면서, 아니 차라리 아무 생각도 하지 않으면서 나와 마주한 여자의 두툼한 웃는 입을 물끄러미 바라본다. 내가 유혹한다고 생각하는 걸까? 그녀는 벌써 나의 곁에 와서 찰싹 달라붙는다. 나의 기계적인 동작이 그녀를 제지한다(그녀는 못생겼다. 만약 그 아가씨가 아름다웠더라면 뒤에 일어난 모든 일을 겪지 않았을지도 모른다고 나는 종종 생각하곤 했다). 그곳에서, 웃음을 터뜨릴 준비가 된 그 사람들 한가운데에서 미쳐버릴까봐 나는 겁이 났다. 돈도 열의도 없이 호텔방에 홀로 남아 나 자신과 나의 비참한 사념들에 사로잡히는 것은 더욱 두려웠다. 당시 얼빠지고 비겁한 존재였던 내가 어떻게 자신으로부터 탈출할 수 있었는지 나는 오늘날에도 여전히 거북함을 느끼면서 자문한다. 나는 자리를 떠났다. 구시가지를 걸었지만, 나 자신과 더 오래 대면할 수가 없어서 호텔로 달려가 침대에 누워 잠을 청했고, 거의 즉시 잠이 들었다.

내가 따분함을 느끼지 않는 나라는 나에게 아무것도 가르쳐 주지 않는 나라이다. 이러한 문장들을 떠올리면서 나는 기분을 되찾으려고 했다. 뒤이은 날들을 내가 그려야만 할까? 나는 같은 식당을 다시 찾았다. 아침저녁으로 속을 역하게 하는, 커민이 들어간 끔찍한 음식을 감수했다. 그 결과 나는 지속적인 구토의 욕구를 온종일 느끼면서 다녀야만 했다. 하지만 먹어야 함을 알았기에 나는 굴하지 않았다. 게다가 새로운 식당을 시도하면서 감수해야 할 것을 생각한다면 그 정도야? 적어도 거기서 나는 '아는' 사람이었다. 나에게 말은 안 해도 미소는 지었던 것이다. 다른 한편으로 불안은 커지기만 했다. 머릿속의 날카로운 끝을 나는 과도하게 신경 쓰고 있었다. 나는 나의 하루 계획을 짜고, 의지할 지점들을 거기에 배치하기로 했다. 최대한 늦게까지 침대에 누워 있으니 하루가 그만큼 짧아졌다. 세수를 하고 방법적으로 도시를 탐색했다. 화려한 바로크 양식의 교회에 들어가 나의 고향을 찾아보려고 했지만, 나 자신과의 실망스러운 대면에 더욱 공허하고 더욱 절망스러운 심정이 되어 밖으로 나와야만 했다. 나는 거품이 부글대는 둑들로 끊긴 블라타바강을 따라 방황했다. 적막하고 침묵에 잠긴 거대한 흐라드차니 구역에서* 엄청나게 긴 시간을 보내기도 했다. 해 저무는 시각, 대성당과 궁전 그늘

속을 나아가는 나의 외딴 발걸음이 골목길을 울리곤 했다. 그리고 그렇게 스스로를 의식하게 되니, 패닉이 다시 나를 사로잡았다. 나는 일찍 저녁을 먹고 여덟 시 반에 잠자리에 누웠다. 태양은 나를 스스로에게서 떼어내 주었다. 교회, 궁전, 박물관으로 다니면서 나는 온갖 예술 작품들 가운데에서 나의 불안을 완화해 보려고 시도했다. 고전적 방책으로서 나는 반항을 우울로 해소하려고 했던 것이다. 하지만 부질없는 일이었다. 밖으로 나오자마자 나는 한낱 이방인일 따름이었다. 한번은 도시 끝에 있는 한 바로크 양식의 수도원에 갔을 때, 그 시각의 따뜻한 분위기, 천천히 울리는 종소리, 오래된 탑에서 떨어져 내리는 포도송이 모양의 비둘기 떼, 그리고 풀과 무(無)의 향기와도 같은 어떤 것이 내 안에서 온통 눈물 가득한 침묵이 태어나게 했고, 나는 거의 해방감을 느꼈다. 저녁에 호텔로 돌아간 나는 뒤에 오는 글을 단숨에 썼고, 그것을 여기에 충실하게 옮겨 적는다. 글의 과장된 표현 자체에, 당시 내가 겪고 있던 복합적 감정이 잘 담겨 있기 때문이다. "여행으로부터 어떤 다른 이득을 끌어내고자 하는가? 여기 아무런 꾸밈이 없는 내가 있다. 간판조차 읽을 수 없는 도시, 아무런 친근함도 달라붙지 않는 이상한 글자들. 말할 친구들도 없고 오락거리도 없다. 낯선 도시의 소음이 들어오는 이 방으로부터 나를 끌어내어 어떤 가정(家庭) 또는 좋아하는 장소의 한결 섬세한 빛으로 이끌어 줄 것은 아무것도 없음을 나는 잘 안다. 사람을 부를까, 비

• 블라타바강을 내려다보는 언덕에 위치한, 프라하성이 있는 구역

명을 지를까? 하지만 낯선 얼굴들이 나타날 것이다. 교회, 황금, 향(香)은 모두 나를 다시 일상적 삶 속으로 내던지고, 나의 불안은 거기서 각각의 것에 가치를 부여한다. 그리고 여기, 습관의 장막, 곧 마음을 졸음에 빠뜨리는 몸짓과 말의 안락한 직물이 천천히 올라가며 불안의 핼쑥한 얼굴을 마침내 드러낸다. 인간이 자신과 대면한다. 나는 그에게 어디 한번 행복해 보라고 한다……. 하지만 여행이 계시를 주는 것은 바로 이 지점이다. 그와 사물들 사이로 불일치가 얼굴을 내민다. 덜 강팍해진 그의 가슴으로 세상의 음악이 보다 편안하게 들어온다. 그리고 이 거대한 헐벗음 속에서 가장 작은 외딴 나무가 마침내 가장 애틋하고 가장 연약한 이미지가 된다. 예술 작품과 여자들의 미소, 자기들 땅에 버티고 선 남자들의 종족과 세기들이 요약된 기념물, 이러한 것들은 여행이 구성하는 민감하고도 감동적인 풍경이다. 그리고는 하루가 끝날 무렵의 이 호텔 방. 여기서는 마치 영혼의 허기인 양 또다시 내 안의 무엇인가가 허해진다." 이 모든 것이 잠을 청하기 위한 이야기들일 뿐이었음을 고백할 필요가 있을까? 이제 나는 분명히 말할 수 있지만, 프라하에서 나에게 남은 것은 식초에 절인 오이 냄새이다. 모든 길모퉁이에서 팔고 선 채로 간단히 먹어 치우는 그것의 새콤한 냄새는 나의 불안을 일깨웠다가 내가 호텔 문지방을 넘어 바깥으로 나가기라도 하면 바로 그것에 살을 보태곤 했다. 이 오이 냄새와 함께 아코디언 선율 또한 남았다. 나의 방 창문 아래에서는 외팔이 장님 하나가 아코디언 위에 걸터앉아 한쪽 엉덩이로 그것을 고정한 채 성한 손으로 연주를 했는데, 늘 똑같은 유치하고 애틋한 그 선율은 아침마다 나를 잠 깨워 장식 없는 헐벗은 현실 속으로 돌연 내던졌고, 나는 거기서 몸부림을 치게 되는 것이었다.

블라타바 강가에서 문득 멈추어 섰던 일이 아직도 생각난다. 오디 냄새 또는 아코디언 선율이 나를 사로잡아 나 자신의 끝으로 내던진 것이다. 나는 아주 낮은 목소리로 중얼거렸다. "이게 무슨 의미이지? 이게 무슨 의미야?" 그러나 아마도 나는 아직 막다른 골목에 이르지 않았는지도 몰랐다. 나흘 째 되는 날 아침 열 시경, 나는 나갈 준비를 하고 있었다. 전날 찾지 못한 어느 유태인 묘지를 보고 싶었다. 그때 누군가 옆방 문을 두드렸다. 잠시 침묵이 흐르더니 다시 두드렸다. 이번에는 더 오래 두드렸지만 헛수고인 것 같았다. 무거운 발자국 소리가 층계를 내려갔다. 그것을 신경 쓰지 않은 채 멍한 정신으로 나는 얼마 동안 면도 크림 사용법을 읽는 데 골몰했다. 그것은 내가 한 달 전부터 사용하고 있던 것이었다. 날은 무거웠다. 구름 덮인 하늘에서 구리처럼 불그스레한 빛이 프라하 구시가지의 첨탑과 돔들 위로 내려오고 있었다. 신문팔이들은 여느 아침처럼 ≪나드로니 폴리티카≫지를 사라고 외쳤다. 나는 엄습하는 마비 상태를 어렵사리 떨쳐냈다. 그러나 나가면서 열쇠로 무장한 종업원과 마주쳐 지나갔다. 나는 걸음을 멈추었다. 종업원은 다시 문을 길게 두드렸다. 그러더니 문을 열려고 했다. 하지만 문은 꼼짝도 하지 않았다. 안에서 걸쇠를 지른 게 분명했다. 또다시 문 두드림. 방은 공허하게 울렸고, 그 소리가 어찌나 불길하고 또 가슴 답답한 것이었던지, 나는 아무것도 물으려 하지 않고 자리를 떴다. 하지만 프라하의 길에서도 고통스러운 예감이 내내 나를 따라다녔다. 종업원의 멍청한 얼굴, 기괴하게 구부러진 그의 에나멜 구두, 그리고 단추 하나가 없는 윗옷을 어떻게 잊는단 말인가? 나는 마침내 점심을 먹었지만 구역증은 커지기만 했다. 두 시경 나는 호텔로 돌아갔다.

홀에서는 종업원들이 수군대고 있었다. 나는 내가 생각하던 것과 더 빨리 대면하기 위해 빠르게 층계를 올라갔다. 과연 그것이었다. 방문이 절반쯤 열려 있는지라 파란색으로 칠한 넓은 벽만 보였다. 앞서 말한 어렴풋한 빛이 벽 스크린 위로 침대 위에서 죽은 사람의 그림자와 시체를 지키는 경찰관의 그림자를 투사했다. 두 그림자는 직각으로 교차하고 있었다. 그 빛이 나의 마음을 뒤흔들었다. 그것은 진정한 빛이었다. 삶의, 삶의 오후의 진실한 빛, 살아 있음을 지각하게 하는 빛이었다. 그는 죽어 있었다. 자기 방에서 홀로. 나는 자살이 아님을 알았다. 나는 급히 나의 방으로 들어가 침대에 몸을 던졌다. 그림자로 미루어 보아 작고 뚱뚱한, 다른 사람들과 비슷한 남자. 그가 죽은 것은 아마도 오래전이었다. 하지만 호텔에서 삶은 계속되었다. 종업원이 그를 부를 생각을 할 때까지. 그는 아무 생각 없이 거기 와서 홀로 죽은 것이다. 그러한데 나는 그동안 면도 크림의 광고 문구를 읽고 있었다. 나는 오후를 형언하기 어려운 상태 속에서 보냈다. 머리가 텅 비고 가슴이 이상하게 죄어드는 것을 느끼면서 누워 있었다. 나는 손톱을 다듬었다. 방바닥 나무판의 홈을 세기도 했다. "천까지 셀 수 있을까……." 하지만 오십 또는 육십에서 중단되었다. 더 계속할 수가 없었다. 밖에서는 아무 소리도 들리지 않았다. 그러나 한번은 복도에서 소리를 낮춘 여자의 목소리가 독일어로 말하는 것이었다. "좋은 분이었는데." 나는 지중해에 면한 나의 도시에 대하여, 초록빛 속에서 매우 포근하며, 젊고 아름다운 여자들이 넘쳐나는,

내가 그토록 좋아하는 그곳의 여름 저녁에 대하여 필사적으로 생각했다. 며칠 전부터 나는 단 한 마디도 하지 않았고, 나의 가슴은 억눌린 외침과 반항으로 터질 것만 같았다. 만약 이때 누군가 나를 안아주었더라면 나는 아이처럼 울음을 터뜨렸을 것이다. 오후가 끝날 무렵, 피로르 녹초가 된 나는 방문의 걸쇠를 정신없이 응시하면서 텅 빈 머리로 통속적인 아코디언 선율을 되뇌고 있었다. 그 순간 나는 더 버틸 수가 없었다. 이제는 나라도 도시도 방도 이름도 없었다. 광기 또는 정복, 수치 또는 영감? 나는 알게 될 것인가, 아니면 소진되고 말 것인가? 바로 그때 문 두드리는 소리가 났고, 나의 친구들이 들어왔다. 나는 구원받은 것이다. 기대하던 답에 이르지는 못했지만 말이다. 나는 이렇게 말했던 것 같다. "너희들을 보게 되어 만족이야." 하지만 나의 고백은 거기서 멈추었으며, 그들의 눈에 나는 그들이 아는 바로 그 사람으로 남아 있었으리라고 확신한다.

얼마 후 나는 프라하를 떠났다. 물론 나는 그 뒤 내가 본 것에 관심을 기울였다. 바우첸의 작은 고딕양식 묘지에서 보낸 시간, 그곳 제라늄의 찬연한 붉은빛, 그리고 또 푸른 아침을 나는 여기에 적을 수 있을 것이다. 준엄하고 메마른 슐레지엔의 긴 평원에 대하여 말할 수도 있을 것이다. 나는 새벽에 그곳을 가로질렀다. 무겁게 나는 새들이 끈적끈적한 대지 위로 안개와 기름기 가득한 아침 하늘을 지나갔다. 나는 또한 애틋하고 근엄한 모라비아 지방과 그곳의 청명한 원경, 그리고 신맛 나는 열매가 달린 자두나무들이 줄지어 선 길들을 좋아했다. 그러나 나는 나의 깊은 곳에, 바닥없는 크레바스를 너무 오래 바라본 사람의 얼떨떨함을 간직하고 있었다. 빈에 도착했다가 일주일 뒤 떠났으나 나는 언제나 나 자신의 포로일 따름이었다.

그렇지만 빈에서 베네치아로 나를 데려가는 기차 안에서 나는 무엇인가를 기다리고 있었다. 나는 죽으로 영양을 섭취하다가 이제 다시 먹게 될 빵 맛이 어떨지를 생각하는 회복기 환자와도 같았다. 하나의 빛이 태어나고 있었다. 나는 이제 안다. 내가 행복해질 준비가 되어 있었음을. 나는 오로지 내가 비첸차 근처 언덕 위에서 보낸 엿새에 대하여서만 말할 것이다. 나는 아직도 거기에 있다. 아니 차라리 나는 이따금 거기에 있는 나를 다시 발견하며, 로즈마리 향기 속에서 나의 모든 것이 회복되는 것을 종종 느끼곤 한다.

나는 이탈리아로 들어간다. 나의 영혼에 맞춰진 땅. 나는 그것이 가까워지는 것을 나타내는 표지들을 하나하나 알아본다. 그것은 맨 처음 나타나는, 표면이 비늘처럼 떨어져 나간 기와가 덮인 집들과, 황산구리 용액을 살포하여 푸르스름해진 벽에 붙어선 포도나무들이다. 마당에 널어놓은 빨래, 어수선한 물건들, 되는 대로 옷을 입은 남자들이다. 그것은 또한 사이프러스(그토록 호리호리하지만 그토록 곧은), 그리고 먼지를 뒤집어쓴 올리브나무와 무화과나무이다. 그늘 가득한 이탈리아 소도시의 광장들, 비둘기들이 피신처를 찾는 정오의 시간, 느림과 게으름, 이러한 것들 앞에서 영혼은 스스로의 반항을 마모시킨다. 열정이 눈물을 향해 차차 나아간다. 그리고 여기 비첸차. 이곳에서는 날이 암탉 울음소리로 부풀어 올라 잠을 깬 시각부터, 사이프러스 뒤쪽으로 비단처럼 윤이 흐르며 매미의 울음이 길게 박자를 맞추어 주는, 들큰하고 부드러워 도구지 비길 것 없는 저녁까지, 하루는 스스로의 둘레를 쳇바퀴 돌 듯 돈다. 나를 따라다니는 이 내면의 침묵은 하루를 다른 하루로 데려가는 느린 운행으로부터 태어난다. 오래된 가구와 손으로 짠 레이스를 갖추고 평원을 향해 열린 이 방 외에 내가 원할 게 달리 있을까? 얼굴 한가득 하늘을 마주하고, 꼼짝도 하지 않은 채 날들과 함께 돌면서 그 회전을 그침 없이 따라갈 수 있을 것 같다. 나에게 가능한 유일한 행복—주의 깊고 정다운 의식—을 나는 호흡한다. 나는 온종일 산책한다. 언덕을 내려가 비첸차로 향하거나, 아니면 들판으로 더 깊이 들어간다. 마주치는 각각의 존재, 이 길 위의 각각의 냄새는 나에게는 모두 제한 없이 사랑하기 위한 핑계이다. 어린이 캠핑 활동을 지도하는 젊은 여인들, 아이스크림 장수의 나팔(그들의 수레는 바퀴를 달고 끌채를 부착한 곤돌라이다), 그리고 검은 씨가 박힌 붉은 수박과 투명하고 끈적끈적한 과육을 지닌 포도가 보이는 과일 진열대—이것들은 모두 이제 더는 홀로 있을 수 없게 된 이들을• 위한 의지(依支)이다. 그런가 하면, 매미들이 내는 찌르는 듯하면서도 애틋한 플루트 소리, 삼월 밤에 만나는 물과 별의 향기, 유향나무와 갈대 사이로 향기를 뿜어내는 길, 이것들은 도리어 홀로 있을 수밖에 없게 된 이들을 위한 사랑의 표지들이다.•• 그리고 그렇게 날들이 간다. 햇빛이 충

• [원주] 말하자면 모든 사람들

•• [원주] 말하자면 모든 사람들

만한 눈부신 시간이 지나가면 황금빛 석양과 검은색 사이프러스가 만들어 주는 찬란한 무대장치 가운데 저녁이 온다. 그러면 나는 길을 걸으며 그토록 멀리로부터 들려오는 매미들을 향한다. 내가 나아감에 따라, 그들은 하나씩 하나씩 노랫소리를 낮추고, 이내 입을 다문다. 타오르는 듯한 아름다움에 억눌린 나는 느린 걸음으로 나아간다. 하나씩 하나씩 매미들이 나의 뒤에서 그들의 목청을 부풀리고, 이내 노래하기 시작한다. 무심함과 아름다움이 떨어져 내리는 이 하늘의 신비. 마지막 남은 빛 아래에서 한 빌라의 정면 합각에 쓰인 문구를 읽는다. "자연의 찬란함 가운데 영혼은 다시 소생한다(*In magnificentia naturæ, resurgit spiritus*)." 거기서 멈추어야만 한다. 벌써 첫 번째 별이 떠오르고, 맞은편 언덕에 세 개의 불이 켜지면서, 아무런 예고도 없이 문득 어둠이 내린다. 나의 뒤쪽 덤불에서 잎새가 살랑거리고 미풍이 인다. 낮이 나에게 따뜻함을 남기고 달아나 버린 것이다.

물론 나는 변하지 않았다. 다만 나는 더 이상 혼자가 아니었다. 프라하에 있을 때 나는 벽 사이에서 질식해야만 했다. 여기서 나는 세상 앞에 있고, 사방으로 투사되어 우주를 나와 흡사한 형태들로 가득 채우고 있었다. 나는 아직 태양에 대하여 말하지 않았다. 오랜 시간이 지나고서야 어린 시절을 보낸 가난의 세계에 대한 나의 애착과 사랑을 내가 마침내 이해할 수 있었던 것과 마찬가지로, 지금에야 비로소 나는 내가 태어난 고장과 태양의 교훈을 엿보기에 이르렀다. 나는 정오가 되기 조금 전 밖으로 나가서 거대한 비첸차 평원이 내려다보이는 내가 잘 아는 지점으로 향하곤 했다. 태양은 거의 천장에 도달했고, 하늘은 강렬하면서도 시원한 푸른빛이었다. 그로부터 떨어져 내리는 빛은 온통 언덕 경사면을 내려가며 사이프러스와 올리브나무, 하얀색 집들과 붉은 지붕들에 가장 열렬한 옷을 입히다가 태양 아래 김을 피워 올리는 평원으로 사라졌다. 매번 그것은 똑같은 헐벗음이었다. 내 안에는 뚱뚱하고 짤막한 작은 남자의 누운 그림자. 먼지 속으로 햇빛이 소용돌이치는 그 평원에서, 수목을 베어낸 뒤 불탄 풀들이 딱지가 되어 앉은 그 언덕에서, 내가 가닿은 것, 그것은 내가 내 안에 품고 다니던 그 무(無)의 맛의 헐벗고 맵시 없는 어떤 형태였다. 그 고장은 나를 나 자신의 핵심으로 데려가 나의 은길한 고뇌와 마주하게 했다. 그것은 프라하의 고뇌이자 그게 아니기도 했다. 이것을 어떻게 설명할까? 확실히, 나무와 태양과 미소가 가득한 이 이탈리아 평원에서 나는 한 달 전부터 나를 쫓아다니던 죽음과 비인간적인 것의 냄새를 다른 곳에서보다 더 잘 포착하고 있었다. 그렇다. 눈물 없는 이 충일, 나를 가득 채우던 환희 없는 이 평화, 이 모든 것은 나의 소관이 아닌 것, 곧 포기와 무관심에 대한 매우 명료한 의식으로 이루어진 것이었다. 자기가 곧 죽을 것을 아는 사람이 소설들에서와는 달리 아내의 운명에 대하여 무관심한 것처럼 말이다. 그는 이기적인 존재, 다시 말해 절망적인 존재라는 인간의 사명을 실천하고 있는 것이다. 나로서는 이 고장에서 그 어떤 불멸의 약속도 찾을 수가 없었다. 비첸차를 보기 위한 눈 없이, 비첸차산 포도를 만지기 위한 손 없이, 몬테베리코에서 빌라 발마라나에 이르는 길에서 밤의 애무를 느끼기 위한 살갗 없이, 영혼으로 다시 산다고 한들 그게 나에게 무슨 소용이 있을까?

그렇다. 이 모든 것은 진실이었다. 하지만 동시에 내가 제대로 말하기 힘든 어떤 것이 햇빛과 함께 내 안으로 들어오고 있었다. 이 극한적 의식의 극단에서는 모든 것이 서로 합류했고, 나의 삶은 물리치거나 받아들여야 할 하나의 덩어리처럼 나타났다. 나는 어떤 위대함이 필요했다. 이 위대함을 나는 세상에서 가장 아름다운 풍경의 은밀한 무심함과 나의 깊은 절망과의 대면에서 찾고 있었다. 나는 거기서 용기와 의식을 동시에 지닐 힘을 길어 올리고 있었던 것이다. 나로서는 그토록 어렵고 그토록 역설적인 문제는 하나로 충분했다. 그런데 어쩌면 나는 당시 내가 그토록 정확하게 느끼고 있던 것의 핵심을 벌써 손에 넣었는지도 몰랐다. 여하튼 나는 종종 프라하로, 내가 거기서 겪은 죽음의 날들로 돌아가곤 한다. 물론 나는 나의 도시를 되찾았다. 다만 오이와 식초의 시큼한 냄새가 이따금 나의 불안을 잠 깨운다. 이때 나는 비첸차를 생각해야 한다. 그러나 나에게는 둘 모두 소중한지라 빛과 삶에 대한 나의 사랑과, 내가 그려보고자 했던 절망적 체험에 대한 나의 은밀한 애착은 서로 잘 분리되지 않는다. 벌써 알아차렸겠지만, 나로서는 구태여 선택하고 싶지 않다. 알제 변두리에 검은색 철문들이 있는 작은 묘지가 있다. 이 묘지 끝까지 가면 저 아래로 만(灣)이 보이는 계곡이 나온다. 바다와 함께 숨 쉬는 그 봉헌 앞에서 우리는 오랫동안 꿈꿀 수 있다. 그러나 걸음을 되짚어 돌아오다 보면 한 버려진 무덤에서 "영원히 애석함을 느끼며"라고 쓰인 판을 보게 된다. 다행스럽게도 만사를 원만히 조정해 주는 이상주의자들이 있다.

— 『표면과 이면』

티파자의 결혼*

봄에 티파자에는 신들이 살고, 이 신들은 태양과 향쑥** 냄새, 은빛 갑주를 두른 바다, 자연색 그대로의 푸른 하늘, 꽃으로 뒤덮인 폐허, 그리

---

* 티파자는 알제에서 서쪽으로 61킬로미터 떨어진 곳에 위치한 소도시이다. 해변에 위치한 데다가 산들이 있어서 빼어난 풍광을 자랑한다. 카르타고의 페니키아인들이 세웠으며 카르타고 외에 로마, 기독교, 아프리카의 유적들이 풍부하게 남아 있다.

** '쓴쑥'이라고도 불리는 국화과의 여러해살이풀. 학명은 Artemisia absinthium이고, 프랑스어로는 absinthe, 영어로는 wormwood이다. '압생트'라는 독주의 제조에 사용되는데, 19세기 말에 유행했던 이 술은 알코올 농도가 45~85%에 달해 보통 물과 설탕을 섞어서 마신다. 모파상 소설에 나오고 마네, 드가, 세잔, 피카소, 툴루즈 로트레크 등 수많은 화가의 그림에 등장하며, 오스카 와일드는 유명한 예찬론자였다. 녹색을 띠고 있어 '녹색의 요정'으로 불렸고, 보통 이 술을 마시던 오후 7시에서 9시 사이의 시간을 '녹색 시간'이라고도 불렀다. 1905년 스위스를 시작으로 여러 나라에서 금지되어 1915년에는 유럽 전역과 미국에서 자취를 감추었다가 1988년 생산이 재개되어 잠시 유행하기도 했으나 과거의 영광을 되찾지는 못했다.

고 돌무더기에서 부글대는 빛으로 말한다. 어떤 시각, 들판은 햇빛으로 검다.* 두 눈은 속눈썹 가에서 떨리는 빛과 색채의 방울들 외에 다른 것을 포착해 보려고 애쓰지만 부질없는 일이다. 향료 식물의 풍성한 냄새가 목구멍을 자극하며 거대한 열기 속에서 호흡을 어렵게 한다. 고작해야 풍경 깊은 곳에서 슈누아산의 검은 덩어리를 겨우 볼 수 있을 따름이다. 그것은 마을을 둘러싼 언덕에 뿌리를 내리고는 확실하고 묵직한 기세로 몸을 흔들어 대다가 바다에 가서 웅크린다.

벌써 만(灣)을 향해 열리는 마을을 통해 우리는 도착한다. 노랗고 파란 세계로 들어가니, 알제리 여름 대지의 향기롭고도 자극적인 숨결이 우리를 맞는다. 여기저기 장미 향기를 머금은 부겐빌레아가 빌라들의 담 너머로 머리를 내민다. 정원들에는 아직 창백한 붉은빛의 히비스커스와** 함께 크림처럼 두툼한 티로즈와*** 섬세한 꽃잎 가두리를 지닌 늘씬한 푸른색 붓꽃이 넘쳐난다. 돌은 죄다 뜨겁기만 하다. 우리가 미나리아재비**** 색깔의 버스에서 내릴 때, 정육점 주인들이 붉은색 자동차로 아침

---

* 햇빛이 강렬한 만큼 그림자가 짙어서일까, 강렬한 햇빛 아래에서는 이러한 현상을 쉽게 볼 수 있다. 옮긴이는 오래전 처음으로 프랑스 남쪽 프로방스 지방을 여행하면서 이러한 빛과 풍경을 경험할 수 있었다.

** 무궁화속의 화초인데, 한국의 무궁화와는 달리 일년생 화초이다.

*** 홍차 향이 나는 장미. 중국이 원산지로 '월계화'라고도 부르고 '올드블러시'라고도 부른다.

**** 황금색 꽃이 핀다.

행상을 돌면서 나팔 소리로 주민들을 부른다.

항구 왼쪽의 마른 돌계단이 유향나무와 금작화 가운데 있는 폐허로 인도한다. 길은 작은 등대 앞을 지나 곧장 들판 한가운데로 뛰어든다. 등대 발치에서부터 벌써 보라색, 노란색, 붉은색 꽃들을 펼친, 잎이 두툼한 덩치 큰 식물들이 바다가 입맞춤 소리와 함께 빨아대는 제일 가까운 바위들 쪽으로 내려간다. 가벼운 바람 속에서 한쪽 얼굴만 덥히는 햇빛 아래 선 우리는 하늘에서 내려오는 빛과, 주름살 하나 없는 바다와, 찬란한 이빨을 드러낸 바다의 미소를 바라본다. 폐허의 왕국으로 들어가기에 앞서 우리는 마지막으로 관객 노릇을 한다.

몇 걸음 걸어가니 향쑥 냄새가 우리의 목덜미를 움켜쥔다. 향쑥의 회색빛 솜털이 까마득히 폐허를 뒤덮고 있다. 향쑥의 정수(精髓)가 뜨거운 열기 아래 발효되면서, 온 세상에 걸쳐 하늘을 휘청거리게 만드는 강렬한 향기의 알코올이 땅에서 태양을 향해 오른다. 우리는 이제 사랑과 욕망을 만나러 걸어간다. 어떤 교훈을 구하거나, 위대함에 요구되는 씁쓸한 철학을 찾는 게 아니다. 태양과 입맞춤과 야생의 향기를 제외한 모든 것이 우리에게는 부질없어 보인다. 나는 거기에서 홀로 있으려고 애쓰지 않는다. 나는 종종 내가 사랑하는 이들과 함께 거기에 갔고, 사랑의 얼굴이 거기서 취하는 맑은 미소를 그들의 표정에서 읽곤 했다. 거기서 나는 질서나 절도 따위는 다른 사람들에게 양보한다. 나를 온통 독차지하는 것은 자연과 바다의 거대한 방종이다. 폐허와 봄의 이 결혼에서 폐허는 다시 돌이 되고, 인간이 부과한 매끈함을 잃으면서 다시 자연으로 돌아간다. 돌아온 탕녀(蕩女)를* 위해 자연은 꽃을 아낌없이 베푼다. 포럼의• 포석들 사이로 헬리오트로프가 동그란 하얀색 머리를 내밀고, 붉은색 제라늄이 예전에 집이고 사원이자 광장이었던 것 위로 피를 쏟아 붓는다. 많은 학식이 사람을 신에게로 데려가기도 하듯, 오랜 세월은 폐허를 어머니의 집으로 데려왔다. 오늘 마침내 폐허는 과거를 떨쳐내니, 그 같은 폐허를, 아래로 떨어지기 마련인 사물들의 중심으로 데려가는 깊은 힘으로부터 떼어낼 것은 아무것도 없다.

향쑥을 으깨고 폐허를 어루만지고 세상의 소란스러운 숨결에 나의 호흡을 일치시키려고 하면서 얼마나 많은 시간을 보냈던가! 야생의 향기와 몽롱한 곤충들의 합주에 파묻힌 나는 뜨거운 열기를 머금은 저 하늘의 감당할 수 없는 거대함을 향해 눈과 가슴을 연다. 본연의 내가 되는 것, 스스로의 깊은 척도를 찾는 것은 그리 쉬운 일이 아니다. 하지만 슈누아산의 견고한 등줄기를 바라보면, 나의 가슴은 기이한 확신으로 진정되곤 했다. 나는 호흡하는 법을 배우며 나 자신을 통합하고 완성했다. 나는 하나씩 하나씩 작은 언덕들에 올랐고, 그것들은 저마다 나에게 보상을 해주었다. 하얀색 벽과 초록색 베란다들이 있는 마을 전체를 내려다볼 수 있으며 그 원주(圓柱)들이 태양의 운행을 가늠해 주는 저 사원처럼 말이다. 그리고 동쪽 언덕 위의 대성당처럼 말이다. 대성당은 벽들이 남아 있고, 발굴한 고대의 석관들이 둘레로 큰 원을 그리며 줄지어 놓였

• 돌을 뜻하는 프랑스어 'pierre'는 여성명사이기에 '탕녀'로 번역하였다.
• 고대 로마의 광장

는데, 대부분 이제 막 땅 바깥으로 나온 터라 아직 흙을 채 완전히 털어내지 못한 상태이다. 이 석관들에는 예전에는 죽은 자들이 담겨 있었지만 지금은 깨꽃과• 향꽃무가 자라 있다. 생트살사 대성당은 기독교 건축물이다. 하지만 열린 틈으로 바라볼 때면 매번 우리에게 전해오는 것은 소나무와 사이프러스가 심어진 작은 언덕들, 또는 이십여 미터 밖에서 흰 개들을 뒹굴게 하는 바다와 같은 세상의 멜로디이다. 생트살사 대성당을 지탱하고 있는 언덕은 위쪽이 평평해서 바람이 더욱 넉넉하게 주랑을 가로지른다. 아침 햇빛 아래 거대한 행복이 공간 속으로 떠오른다.

신화가 필요한 사람들은 아주 가난한 이들이다. 이곳에서 신들은 날들의 운행에서 받침대 또는 지표 구실을 한다. 나는 묘사하고 말한다. "여기 붉은 것, 푸른 것, 초록인 것이 있다. 이것은 바다, 산, 꽃이다." 내가 코 밑에다 대고 유향나무 열매 으깨는 것을 좋아한다고 해서 디오니소스에 대하여 말할 필요가 있을까? 옛 찬가 <살아서 땅 위의 이것들을 본 자는 행복할지니>에 대하여 나는 나중에 자유롭게 생각해 볼 텐데, 그것은 정녕 데메테르에게•• 바쳐진 것일까? 보아야 한다. 그것도 이 땅

• '샐비어'라고도 한다.

•• 그리스 신화에서 농작물의 생장이 이루어지는 땅과 그 위 공간을 관장하는 농경과 수확의 여신으로, 로마 신화의 케레스에 해당한다. 데메테르가 관장하는 부분의 아래쪽은 지옥의 신 하데스가 관장한다.

위에서 보아야 한다. 이 교훈을 어떻게 잊을까? 엘레우시스 비교(秘敎)에서는 응시하는 것으로 충분했다. 이곳에서마저도 나는 내가 결코 세상에 충분히 가까이 다가갈 수 없음을 안다. 나는 벌거벗은 몸이 되어, 아직도 여전히 대지의 정수로 온통 향내를 풍기며 바다로 뛰어들어, 바닷물에 향기를 씻어야만 한다. 그토록 오래전부터 대지와 바다가 입술과 입술을 붙인 채 갈망하는 포옹을 나의 살갗 위로 엮어야만 한다. 물에 들어가니 오싹한 한기가 느껴지면서 차갑고 뿌연 끈적임이 올라온다. 귀가 윙윙대고 콧물이 나며 입 안이 싸해지는 것을 느끼면서 물속에 잠긴다. 헤엄을 친다. 바다에서 나와 물이 번질거리는 팔을 태양이 황금빛으로 물들이면 온 근육이 뒤틀리는 가운데 그것은 다시 물속으로 들어간다. 물이 나의 몸을 타고 달리고, 두 다리가 물결을 소란스레 소유한다. 그리고 수평선이 사라진다. 해안에서 모래 위로 쓰러져 세상에 나를 방임하며 뼈와 살의 무게 속으로 돌아간다. 햇빛으로 얼떨떨해져서 팔을 쳐다보니, 물이 흘러내리며 여기저기 생겨난 마른 살갗들이 황금빛 솜털과 소금 가루를 드러낸다.

여기서 나는 영광이라고 부르는 것, 곧 제한 없이 사랑할 권리를 깨닫는다. 이 세상에는 단 하나의 사랑만이 있다. 그것은 여자의 몸을 껴안는 것이다. 그것은 또한 하늘에서 바다를 향해 내리는 이 기이한 환희를 스스로의 몸에 잡아두는 것이기도 하다. 잠시 후 내가 향쑥 속으로 몸을 던져 그 향기가 나의 몸에 배어들게 할 때 나는 온갖 편견에 맞서 하나의 진실을 성취한다는 의식을 지닐 수 있을 것이다. 그것은 태양의 진실이고, 또한 나의 죽음의 진실이기도 할 것이다. 어떤 의미에서, 지금 내가 여기서 연기(演技)하고 있는 것은 나의 삶, 뜨거운 돌의 맛을 갖고 있고 바다의 한숨과 이제 막 노래하기 시작하는 매미의 울음소리로 가득 찬 하나의 삶이다. 미풍은 시원하고 하늘은 푸르다. 나는 이 삶을 마음 놓고 사랑하고 그에 대하여 자유롭게 이야기하고 싶다. 그것은 나의 인간 조건에 대하여 자부심을 느끼도록 해준다. 사람들은 종종 나에게 말하곤 했다. 그렇게 자랑스러워할 것은 없어요. 아니다, 있다. 이 태양, 이 바다, 젊음으로 뛰어오르는 나의 이 가슴, 소금기를 머금은 나의 육체, 그리고 노란빛과 푸른빛 가운데 애틋함과 영광이 만나는 거대한 무대장치가 바로 그것이다. 이것을 정복하는 데 나의 힘과 자산을 쏟아부어야만 한다. 여기서는 모든 것이 나를 고스란히 내버려둔다. 나는 나 자신의 그 어떤 것도 포기하지 않을 뿐더러 아무 가면도 쓰지 않는다. 그저 사람들의 처세술에 결코 못지않은 어려운 삶의 지혜를 끈기 있게 배우기만 하면 된다.

정오가 조금 못 되어 우리는 폐허를 통해 항구가의 작은 카페로 돌아오곤 했다. 태양과 색채들이 요란한 심벌즈처럼 머릿속을 울려댈 때, 그늘 가득한 실내와 커다란 유리잔에 담긴 얼음처럼 차가운 초록빛 박하차는 얼마나 시원한 환대인가? 바깥은 바다와 먼지 뒤덮인 뜨거운 도로이다. 탁자 앞에 앉아서 나는 떨리는 속눈썹 사이로, 뜨거운 열기 때문에 하얗게 된 하늘의 다채로운 눈부심을 포착하려고 한다. 얼굴은 땀에 젖었지만 입고 있는 옷의 가벼운 천 아래로 가뿐한 육체를 느끼는 우리는 세상과 결혼하는 날의 나른한 행복을 보란 듯이 드러낸다.

이 카페에는 먹을 게 별로 없다. 하지만 많은 과일, 특히 깨물면 과즙

이 턱 위로 흘러내리는 복숭아가 있다. 복숭아에 이를 박은 채 나는 커다랗게 고동치는 피가 귀에까지 오르는 소리를 들으며 온 눈으로 응시한다. 바다에는 정오의 거대한 침묵이 내려앉았다. 모든 아름다운 존재는 스스로의 아름다움에 대하여 자연스러운 오만을 품고 있으니, 오늘 세상은 자신의 오만이 도처에서 흘러나오도록 방치하고 있다. 이러한 세상 앞에서 왜 삶의 기쁨을 부정할까? 모든 것을 삶의 기쁨 안에 가두지 않을 줄을 내가 잘 알고 있다면 말이다. 행복을 부끄러워할 필요는 없다. 하지만 오늘날에는 멍청이가 왕이거니와, 향유(享有)를 두려워하는 이를 나는 멍청이라고 부른다. 사람들은 우리에게 오만에 대하여 그토록 많은 이야기를 했다. "아시는 것처럼, 그것은 사탄의 죄랍니다." "조심하세요" 하며 사람들은 부르짖었다. "당신은 타락하여 생명력을 잃어버리게 될 것입니다." 이후 나는 과연 깨달았다. 어떤 오만은…… 그러나 다른 순간들에는, 세상 전체가 나에게 선사하는 삶의 오만을 나는 요구하지 않을 수 없다. 티파자에서 내가 보는 것은 내가 믿는 것의 등가물이니, 나의 손이 만질 수 있고 나의 입술이 애무할 수 있는 것을 부정하려고 고집하지 않는다. 나는 그에 대하여 예술 작품을 만들 필요를 느끼지 못한다. 하지만 말할 필요는 느낀다. 그 둘은 엄연히 다르다. 나에게 티파자는 세상에 대한 하나의 관점을 간접적으로 말하기 위해 묘사하는 극중인물들과도 같다. 그들처럼 티파자는 증언한다. 그것도 씩씩하게. 오늘 티파자는 나의 인물이며, 그것을 애무하고 묘사하는 나의 취기는 영원히 지속될 것처럼 여겨진다. 살아야 할 때가 있고, 삶을 증언해야 할 때가 있다. 또 창조해야 할 때가 있는데, 그것은 덜 자연스럽다. 나로서는 온몸으로 살고 온 가슴으로 증언하는 것으로 족하다. 티파자를 살고 증언해야 한다. 예술 작품은 그다음이다. 여기에 자유가 있다.

*

티파자에서 나는 결코 한나절 이상 머무르지 않았다. 어떤 풍경을 너무 많이 본 때는 항상 오기 마련이다. 그것을 실컷 보기까지 오랜 시간이 필요한 것처럼 말이다. 산, 하늘, 바다는 그저 보는 게 아니라 적극적으로 바라보아서 메마름이나 광채를 발견하게 되는 얼굴과도 같다. 그러나 얼굴이 무엇인가 말하기 위해서는 어떤 새로움이 있어야만 한다. 세계가 다만 잊혔던 것만으로도 새로워 보임을 찬탄해야 하지만, 사람들은 너무 빨리 질리게 된다고 불평한다.

저녁 무렵 나는 국도 끝에 있으며 정원으로 조성된, 공원의 좀 더 정연한 쪽으로 가곤 했다. 소란스러운 향기와 햇빛을 벗어나, 이제 저녁과 함께 시원해진 공기 속으로 들어가니, 정신은 차분해지고 느긋해진 몸은 충족된 사랑에서 생겨나는 내적 침묵을 맛볼 수 있었다. 나는 벤치에 앉았다. 날이 어두워지면서 들판이 부풀어 오르는 것을 바라보았다. 나는 포만감을 느꼈다. 내 위로 석류나무가 꽃봉오리들을 매달고 있었고, 꽉 쥔 작은 주먹처럼 닫힌 채 줄무늬를 보이는 그것들은 봄의 모든 희망을 담고 있는 듯 여겨졌다. 나의 뒤에는 로즈마리가 있었지만 그것의 알코올 향만을 느낄 수 있을 뿐이었다. 나무가 언덕들에 그림의 틀처럼 테를 두르고, 더 먼 곳 바다 가장자리 위쪽의 하늘은 마치 멈춘 돛배와도 같이 온통 애틋한 모양으로 휴식을 취하고 있었다. 나는 가슴에서 하나의 기이한 환희, 고요한 의식에서 태어나는 바로 그 기이한 환희를 느꼈다. 배우들이 잘 아는 감정이 있다. 그것은 자신들의 역할을 잘 수행해 냈음을 의식할 때, 가장 정확한 의미로 말해서 몸짓을 자신들이 연기하는 이상적 인물의 몸짓과 일치하게 만들었음을, 또는 대번에 살아 움직이게 하여 자신들의 가슴으로 고동치게 만든, 미리 만들어진 그림 속으로 자신들이 들어갔음을 의식할 때 갖게 되는 감정이다. 내가 느끼는 것은 바로 그것, 곧 나의 역할을 잘 수행해 냈다는 감정이다. 나는 인간으로서의 나의 역할을 했을 뿐, 긴 하루 내내 환희를 맛보았다는 것이 하나의 예외적 성공처럼 보이지는 않았다. 그것은 차라리 하나의 조건, 이를테면 어떤 상황에서는 행복이 우리에게 하나의 의무가 되는 그러한 조건의 감동적 완수였다. 우리는 이제 고독을 되찾는다. 다만 이번에는 만족 가운데.

*

이제 나무들에 새가 깃들었다. 어둠 속으로 들어가기에 앞서 대지는 천천히 숨을 쉬었다. 잠시 후 첫 별과 함께 세계의 무대 위로 밤이 내릴 것이다. 찬란한 낮의 신들은 그들의 일상적 죽음으로 돌아가리라. 하지만 다른 신들이 올 것이다. 더 어두워지기 위해, 그들의 황폐한 얼굴은 대지의 핵심으로부터 태어날 것이다.

적어도 아직까지, 모래 위로 쉼 없이 피어나는 파도 소리는, 황금빛 꽃가루가 춤추는 공간을 넘어 나에게 도달했다. 바다, 들판, 침묵, 대지의 향기. 나는 향기로운 생명으로 가득 찼고, 벌써 황금빛으로 물든 세계의 과일을 물어뜯다가 달콤하고 강렬한 과즙이 입술을 다라 흐르는 것을 느끼고는 감동했다. 아니, 중요한 것은 내가 아니었다. 세계도 아니었다. 중요한 것은 다만 세계와 나 사이에 사랑이 태어나게 한 일치와 침묵이었다. 이 사랑을 오로지 나만을 위해 요구할 정도로 나는 약한 인간이 아니다. 태양과 바다에서 태어나 활기가 넘치고 즐길 줄 알며, 단순함에서 위대함을 길어 올리고, 해변에 서서 하늘의 찬란한 미소를 향해 공모의 미소를 건네는 종족 전체와 그 사랑을 공유함을 의식하고 또 거기서 자부심을 느낄 줄 아는 그런 인간이다.

—『결혼』

부조리와 자살

정말로 진지한 철학의 문제는 하나뿐이다. 그것은 자살이다. 삶이 살 만한 가치가 있는가 아니면 없는가를 판단하는 것, 그것은 철학의 근본적 질문에 답하는 일이기 때문이다. 나머지, 이를테면 세계는 삼차원으로 되어 있는가, 또는 정신의 범주는 아홉 개인가 아니면 열두 개인가 하는 문제는 그다음 일이다. 이러한 것들은 그저 유희인 까닭이다. 먼저 우리는 대답해야 한다. 니체가 말하듯, 철학자가 존경받기 위해서는 모범을 보여야 하는 게 사실이라면, 우리는 대답의 막중함을 파악하게 된다. 그 대답에는 결정적 몸짓이 뒤따를 것이기 때문이다. 이러한 것들은 마음으로 느낄 수 있는 자명함이다. 하지만 그것들이 정신에도 명확한 것이 되도록 하려면 깊이 파고들어야만 한다.

어떤 문제가 다른 문제보다 더 절박한 이유를 어디서 찾아야 할지 묻는다면, 그것은 그 문제와 연결된 행동에서라고 나는 대답하겠다. 나는 존재론적 증명을 위해 죽는 사람을 본 적이 없다. 중요한 과학적 진리를 주장하던 갈릴레이는 그것이 자기 목숨을 위태롭게 하니까 바로 세상 편하게 포기해 버렸다. 어떤 의미에서 그는 잘했다. 그 진리는 화형대를 감수할 만한 가치가 없었기 때문이다. 지구와 태양 중 어느 것이 다른 것의 주위를 도는가 하는 것은 정말이지 아무래도 좋다. 잘라 말하면 그것은 쓸데없는 문제이다. 반면에 많은 사람들이 삶은 살 만한 가치가 없다고 생각하기 때문에 죽는 것을 본다. 그런가 하면, 역설적이게도 자신들에게 살아갈 이유(살아갈 이유라고 하는 것은 훌륭한 죽을 이유이기도 하다)를 주는 이념 또는 환상을 위해 죽는 사람들 또한 본다. 따라서 나는 삶의 의미야말로 가장 절박한 문제라고 판단한다. 이것에 어떻게 답할까? 모든 본질적인 문제, 말하자면 죽게 만들 위험이 있거나 삶의 열정을 배가시키는 문제에 대해서는 아마도 두 가지 사고방식, 즉 라팔리스의• 방식과 돈키호테의 방식밖에 없다고 본다. 우리가 감동과 명확함에 동시에 다가갈 수 있도록 해주는 유일한 것은 자명함과 서정의 균형이다. 이토록 소박하고 이토록 비장함이 가득한 주제에서는 학문적이고 고전적인 변증법보다는 차라리 상식과 공감으로 임하는, 보다 겸손한 정신적 태도가 바람직하겠다는 생각을 하게 된다.

• 프랑스의 귀족이자 라팔리스의 영주인 자크 드 샤반(Jacques II de Chabannes, 1470~1525)의 묘비에 "그가 죽지 않았더라면 지금도 선망을 불러일으키리라(S'il n'était mort il ferait encore envie)"라는 글귀가 새겨졌는데, 이런저런 곡절 끝에 "그가 죽지 않았더라면 지금도 살아 있으리라(S'il n'était mort il serait encore en vie)"로 뒷부분이 잘못 읽히기에 이르렀고, 그 결과 나중의 문장은 '라팔리사드(lapalissade)' 또는 '라팔리스의 진리(vérité de La Palice)'라는 이름으로 '자명한 진리'를 뜻하게 되었다.

지금껏 자살은 오로지 사회현상으로만 취급되었다. 그와는 반대로 여기서는 개인의 사유와 자살의 관계가 우선 문제이다. 자살과도 같은 몸짓은 어떤 위대한 작품과 마찬가지로 마음의 침묵 속에서 준비된다. 당사자 자신은 그것을 모른다. 하지만 어느 날 저녁, 그는 방아쇠를 당기거나 물에 뛰어든다. 한 건물 관리인이 스스로 목숨을 끊었는데, 그는 오년 전에 딸을 잃었고 이후 많이 변했으며 그 일은 "그의 속을 파먹었다"라고 어느 날 누군가가 나에게 말했다. 이보다 더 정확한 말을 바랄 수는 없는 노릇이다. 생각하기 시작하는 것, 그것은 속에서 파먹히기 시작하는 것이다. 이 일의 시초는 사회와 별 상관이 없다. 벌레는 사람의 마음에 있다. 바로 거기서 벌레를 찾아야만 한다. 실존 앞에서의 명철을 떠나 빛 바깥으로의 도피에 이르는 이 치명적 유희, 우리는 그것을 따라가며 이해해야 한다.

자살에는 많은 이유가 있다. 그런데 일반적으로 가장 표면적인 이유가 가장 유효한 이유는 아니다. 숙고 끝에 자살하는 경우는 드물다(그렇다고 이 가설이 제외되는 것은 아니다). 위기를 촉발하는 것은 거의 언제나 통제 불가능한 어떤 것이다. 신문들은 자주 "내밀한 슬픔"이라든가 "불치병"에 대하여 말한다. 이러한 설명은 타당하다. 하지만 문제의 날, 절망에 빠진 사람에게 한 친구가 무심한 어조로 말한 일은 없는지 알아야만 한다. 죄인은 바로 이 친구인 것이다. 아직 유예 상태에 있던 온갖 원한과 온갖 낙담이 별안간 폭주하는 데는 그것으로 충분할 수 있기 때문이다.*

그러나 정신이 죽음을 선택하게 된 미묘한 과정과 정확한 순간을 규정하기는 어렵다. 하지만 몸짓 그 자체로부터 그것이 가정하는 결과를 끌어내는 일은 한결 수월하다. 어떤 의미에서 자살은 멜로드라마에서 보는 것 같은 하나의 고백이다. 그것은 삶에 의해 추월당했거나 삶을 이해할 수 없음을 고백하는 것이다. 하지만 이러한 유추를 너무 멀리 끌고 나갈 것 없이 통상적인 언어로 돌아오도록 하자. 자살은 다만 '그렇게 애쓸 필요가 없음'을 고백하는 것이다. 물론 삶은 결코 수월하지 않다. 우리가 실존이 요구하는 몸짓을 계속하는 데에는 많은 이유가 있으나 그 첫 번째는 습관이다. 자발적으로 죽는 것은 이 습관의 하찮음, 살아야 할 심오한 이유의 전적인 부재, 부산한 일상의 비상식적 성격, 그리고 고통의 무용성을 본능적으로나마 인식했음을 가정한다.

삶에 필수적인 잠까지 정신에게서 박탈하는 이 측량할 길 없는 감정은 도대체 무엇이란 말인가? 마땅치 않은 이유로나마 설명 가능한 세계는 친숙한 세계이다. 반면에 환상과 빛을 문득 박탈당한 세계 속에서 인간은 스스로를 이방인으로 느낀다. 이 유형은 구원이 없는 것인바, 그는 잃어버린 고향의 기억과 약속의 땅의 희망을 박탈당한 까닭이다. 인간과 삶, 배우와 무대의 이혼, 이것이야말로 부조리의 감정이다. 모든 건강한 사람은 자살을 생각해 본 적이 있는 만큼, 이 감정과 무에 대한 동

• [원주] 이 에세이의 성격을 나타낼 기회를 놓치지 말도록 하자. 자살은 사실 훨씬 더 명예로운 동기와 결부될 수 있다. 예컨대 중국혁명 당시 항의의 의미로 행해졌던 정치적 자살들이 그러하다.

경 사이에는 어떤 직접적 관계가 있음을 더 이상의 설명 없이 인정할 수 있을 것 같다.

이 에세이의 주제가 바로 부조리와 자살의 관계이다. 다시 말해 자살은 정확히 어떤 면에서 부조리에 대한 해결책인가 하는 문제이다. 속임수를 쓰지 않는 사람은 그가 참이라고 생각하는 바에 따라 행동하리라는 것을 원칙으로 삼을 수 있을 것이다. 그렇다면 실존이 부조리하다고 생각하는 사람은 그 생각에 따라 움직여야만 한다. 이러한 결론이 어떤 납득할 수 없는 조건을 한시바삐 떠날 것을 요구하는지 여부를 명확하게, 그리고 아무런 비장함도 가장하지 않고서 질문해 보는 것은 정당한 호기심이다. 물론 내가 여기서 말하는 대상은 스스로와 일치할 의향을 지닌 사람들이다.

명확한 말로 제기할 경우, 이 문제는 간단한 동시에 해결이 불가능해 보일 수 있다. 간단한 문제는 마찬가지로 간단한 대답을 이끌고 자명함은 자명함을 이끌기 마련이라고 사람들은 잘못 추정한다. 선험적으로, 그리고 문제의 항을 뒤바꿔 놓고 보면, 자살하거나 아니면 자살하지 않는 것과 마찬가지로, 오로지 두 가지 철학적 해결, 곧 예와 아니오밖에는 없는 듯 여겨진다. 만약 그렇다면 너무 좋을 것이다. 그러나 결론은 짓지 않은 채 언제나 질문만 하는 사람들을 고려해야만 한다. 지금 내가 빈정대고 있는 게 아니다. 그들은 다수이기 때문이다. 또한 아니오라고 답하면서 예라고 생각하는 사람들도 있다. 사실 니체의 기준을 받아들인다면, 그들은 이 방식이 되었건 저 방식이 되었건 예라고 생각하는 사람들이다. 반면에 삶의 의미를 확신하는 이들이 자살하는 일이 종종 일어난다. 이 모순은 꾸준히 확인된다. 심지어 그것은 오히려 논리가 매우 바람직한 것으로 여겨지는 이 문제에서만큼 날카롭게 나타난 적이 없다고도 말할 수 있다. 철학 이론과 그것을 설파하는 이들의 행동을 비교하는 것은 진부한 일이다. 그러나 분명히 말해두어야 할 것은, 삶에 의미를 부여하길 거부했던 사상가들 가운데, 문학에 속하는 키릴로프와• 전설에서 태어난 페레그리누스와•• •••가설에 속하는 쥘 르키에를•••• 제외하고는, 아무도 자신의 논리를 삶의 거부와 일치시키지 않았다는 사실이다. 사람들은 종종 잘 차린 식탁 앞에서 자살을 예찬했던 쇼펜하우어를 웃자고 인용한다. 거기에 농담거리라고는 없다. 비극적인 것을 진

• 표도르 도스토옙스키의 소설 『악령』(1871~1872)에 나오는 복합적인 인물로, "인간은 자유롭다는 것을 입증하기 위해" 자살한다.

•• [원주] 나는 페레그리누스의 모방자에 대하여 말하는 것을 들었는데, 작가로서 전후에 활동했던 그는 첫 번째 책을 끝낸 뒤 세상의 이목을 끌기 위해 자살했다. 한데 실제로 이목을 끌기는 했으나 책은 형편없는 것으로 판명되었다.

••• 페레그리누스 프로테우스(98~165)는 그리스 견유학파의 철학자로, 161년 올림픽 당시 다음 올림픽 때 공개적으로 자살하겠노라고 예고한 뒤 165년 올림픽 마지막 날 스스로 쌓아 올린 장작더미의 불에 몸을 던져 죽은 것으로 유명하다.

•••• 쥘 르키에(1814~1862)는 프랑스의 철학자로, "프랑스의 키에르케고르"라 불리며 신칸트주의와 실존주의 등에 영향을 끼친 것으로 평가된다. 브르타뉴 바다에 뛰어들어 힘이 다할 때까지 헤엄치다가 익사했다. 카뮈의 스승인 장 그르니에 등이 그에 대하여 연구했다.

지하게 취급하지 않는 이러한 방식은 그리 심각한 것은 아니다. 하지만 그것은 결국 그 사람을 판단하는 근거가 된다.

이 모순, 이 모호함 앞에서, 삶에 대하여 가질 수 있는 견해와, 삶을 떠나기 위해 행하는 몸짓 사이에는 아무런 관계도 없다고 생각해야 할까? 한 사람이 자기의 생명에 대하여 갖는 애착에는 세상의 모든 비참보다 더 강한 어떤 것이 있다. 육체의 판단은 정신의 판단만 한 힘을 갖고 있고, 육체는 절멸 앞에서 뒷걸음질 친다. 우리는 생각하는 습관을 얻기에 앞서 사는 습관을 갖는다. 매일 우리를 좀 더 죽음 쪽으로 몰고 가는 이 경주 속에서 육체는 따라잡을 수 없는 우위를 유지한다. 결국 이 모순의 본질은 내가 모면이라고 부를 것 안에 있거니와, 내가 그렇게 부르는 것은 그것이 파스칼이 말하는 의미의 위희(慰戲) 이하인 동시에 그 이상인 까닭이다. 이 에세이의 세 번째 테마인 치명적 위희란 다름 아닌 희망이다. '자격을 갖추어야만 가능한' 다른 생을 향한 희망, 또는 삶 그 자체를 위해서가 아니라 삶을 넘어서고 승화시키고 또 그것에 의미를 부여하며 배반하는 어떤 거창한 이념을 위해 사는 이들의 사기.

이렇듯 모든 것이 카드를 뒤섞어 문제를 복잡하게 만드는 데 일조한다. 지금껏 우리가 말장난을 하며, 삶에 의미 부여하기를 거절한 것은, 필히 삶이 살 만한 가치가 없다고 선언하는 데 이른다고 믿는 척해온 것은 결코 헛된 일이 아니다. 사실 두 판단 사이에는 그 어떤 명백한 척도도 존재하지 않는다. 다만 혼동과 불일치와 비일관성 탓에 갈피를 잡지 못하는 상황은 피해야 한다. 그 모든 것을 제쳐두고 진짜 문제를 향해 곧장 나아가야 한다. 자살하는 것은 삶이 살 만하지 않기 때문이고, 아마도 바로 여기에 진실이—하지만 자명하기에 비생산적인—있다. 그러나 실존을 향한 이 모욕, 실존을 가두는 이 부인(否認)이 정말로 실존이 의미가 없다는 사실에서 오는가? 실존의 부조리는 인간이 희망이나 자살을 통해 그로부터 벗어나길 요구하는가? 바로 이것이 우리가 나머지는 모두 제쳐둔 채로 조명하고 추적하고 예증해야 할 문제이다. 부조리는 과연 죽음을 명령하는가? 온갖 사유의 방법들과 사심 없는 정신의 유희를 벗어나 이 문제를 우선 다루어야만 한다. '객관적' 정신이 모든 문제에 언제나 끌어들이는 뉘앙스, 모순, 심리는 이 탐색과 열정 안에 설 자리를 갖고 있지 않다. 필요한 것은 오로지 부당한 사유, 다시 말해 논리적인 사유뿐이다. 이것은 쉽지 않다. 논리적이기는 언제나 수월하다. 하지만 마지막까지 논리적이기란 거의 불가능하다. 자기 손으로 목숨을 끊는 사람들은 그렇듯 스스로의 감정의 비탈을 마지막까지 따라간다. 자살에 대한 성찰은 이제 내가 관심을 갖고 있는 유일한 문제를 제기할 기회를 준다. 죽음에까지 이르는 논리가 있는가? 이 문제에 대한 대답을 나는 어지러운 열정에 휩싸이지 않고 오직 명증의 빛 속에서 내가 여기 그 기원을 지적하고 있는 추론을 계속함으로써만 얻어낼 수 있을 것이다. 이 추론은 내가 부조리의 추론이라고 부르는 것이다. 이것을 시작한 이들은 많다. 하지만 그들이 버텨냈는지는 아직 잘 모르겠다.

"이 제한은 나를 나 자신에게로, 즉 내가 다만 대표할 뿐인 하나의 개관적 관점 뒤로 더 이상 물러나지 못하는 곳, 또는 나 자신도 타인의 삶도 나에게 더 이상 대상이 되지 못하는 곳으로 나를 인도한다"라고 카를 야스퍼스가 세계를 통일체로 구성하는 것이 불가능함을 드러내면서 외칠 때, 그가 다른 많은 사람들에 이어 상기하는 것은 사유가 극한에 도달한, 물도 사람도 없는 장소이다. 다른 사람들에 이어! 분명 그렇다. 하지만 그들은 얼마나 조바심을 내며 거기에서 빠져나오고 싶어 했던가! 사유가 비틀거리는 그 마지막 길모퉁이에는 많은 이들이 도달했는데, 그 중에는 아주 보잘것없는 사람들도 있었다. 이들은 자기들이 지닌 가장 소중한 것, 곧 그들의 생명을 포기했다. 다른 이들, 정신의 왕자들 역시 포기하기는 했다. 하지만 그들이 수행한 것은 가장 순수한 반항 속에서의 사유의 자살이었다. 진정한 노력은 그와는 반대로 가능한 오래 거기에서 버티며 그 외딴 고장의 기괴한 식생(植生)을 가까이에서 검토하는 것이다. 끈기와 통찰은 이제 부조리와 희망과 죽음이 서로 응수하면서 벌이는 비인간적 유희의 특권적 관객으로 나타난다. 정신은 기본적인 동시에 민감한 그 춤의 모양을 분석할 수 있을 터이고, 그런 다음에는 그것을 예증하고 스스로 직접 살아낼 수 있을 것이다.

—『시지프 신화』

부조리의 벽

정신이 자신의 희망으로 가득 찬 부동의 세계 속에서 침묵하는 한, 모든 것은 정신이 간직한 향수의 통일성 속에서 반영되고 배열된다. 하지만 그 정신이 움직이자마자 세계는 균열이 생기고 무너지며, 번쩍이는 무수한 파편이 앎에 제공된다. 그것을 친숙하고 고요한 표면으로 재구성하여 우리가 마음의 평화를 되찾을 일이란 아예 기대하지 말아야 한다. 여러 세기에 걸친 사상가들의 숱한 탐색과 숱한 포기 끝에 우리는 우리의 모든 앎과 관련하여 그것이 진실임을 잘 안다. 오늘날 직업적 합리주의자들을 제외한 모두가 진짜 앎의 가능성에 대하여 절망을 느끼고 있다. 인간의 사유에 대하여 유일하게 의미 있는 역사를 써야 한다면, 그것의 연속적 수정과 무능의 역사를 써야 할 터이다.

사실 누구에 대하여 그리고 무엇에 대하여 '나는 안다!'고 말할 수 있을까? 내 안의 이 마음, 나는 그것을 느낄 수 있고 또 그것이 존재한다고 판단한다. 이 세계, 나는 그것을 만질 수 있고 또 그것이 존재한다고 판단한다. 그러나 나의 앎은 거기서 멈추고, 나머지는 구축된 것일 따름이다. 그도 그럴 것이 나 자신이 확신하는 자아를 막상 규정하고 요약할라치면, 그것이 손가락 사이로 흐르는 물처럼 달아나 버리는 까닭이다. 나는 나의 자아가 취할 줄 아는 모든 얼굴, 또한 사람들이 그것에 부여하는 모든 얼굴, 그리고 나의 자아와 관련된 교육, 출신, 열의 또는 침묵, 위대함 또는 비천함을 하나하나 그릴 수 있을 것이다. 그러나 얼굴들을 합계 낼 수는 없을 터이다. 나의 것인 나의 마음 자체도 영영 규정할 수 없는 것으로 나에게 남을 것이다. 나의 존재에 대하여 내가 갖고 있는 확신과, 내가 이 확신에 부여하려 하는 내용 사이의 간극은 결코 메울 수 없을 것이다. 언제나 나는 나 자신에게 이방인이리라. 논리학과 마찬가지로 심리학에도 진리들은 있을 것이나, 정작 진리는 없을 것이다. 소크라테스의 '너 자신을 알라'는 고해실의 '덕을 베풀라'와 동등한 가치를 지닐 따름이다. 이 말들은 어떤 무지와 함께 하나의 향수를 드러낸다. 그것들은 거창한 주제에 관한 소득 없는 유희에 불과하다. 그것들은 정확히 대략적 한도 내에서만 정당성을 갖는다.

여기 또 나무가 있어 나는 우툴두툴한 그 표면을 알고, 물이 있어 그 맛을 느낀다. 풀과 별의 향기가 감도는 밤, 가슴의 응어리가 풀리는 어느 저녁, 내가 그 힘과 기운을 느끼는 이 세계를 어떻게 부정할까? 하지만 이 땅에 대한 모든 과학에도 불구하고 이 세계가 나의 것이라고 나에게 보증해 줄 것은 아무것도 없다. 당신은 나에게 그것을 그려 보이며 분류하는 법을 가르쳐 준다. 당신은 그것의 법칙들을 열거하고, 나는 지식의 갈증 속에서 그 법칙들이 진리임을 받아들인다. 당신은 그 메커니즘을 해체하고, 나의 희망은 증대된다. 마지막으로 당신은 이 화려하고 다채로운 우주가 원자로 환원될 수 있으며, 원자는 다시 전자로 환원될 수 있음을 나에게 가르쳐 준다. 이 모든 것은 좋고, 나는 당신이 계속해 주길 기대한다. 하지만 당신은 전자들이 하나의 중심 둘레를 공전하는 일종의 보이지 않는 행성 체계에 대하여 말한다. 당신은 하나의 이미지를 가지고 나에게 이 세계를 설명한다. 나는 이제 당신이 시(詩)에 도달했음을 알아차린다. 나는 결코 제대로 알 수가 없는 것이다. 내가 그에 대하여 분노할 시간이 있을까? 당신은 이미 이론을 바꾸었다. 이렇듯 나에게 모든 것을 가르쳐 주어야 할 과학은 가설로 낙착되고 명철은 은유로 침몰하며 불확실성은 예술 작품으로 귀결된다. 내가 그 많은 노력을 해야 할 필요가 어디 있을까? 저 언덕의 부드러운 선과 이 동요된 가슴을 어루만지는 저녁의 손길은 그보다 훨씬 많은 것을 나에게 가르쳐 준다. 나는 내가 시작한 곳으로 되돌아온 것이다. 설사 내가 과학을 통해 현상들을 포착하고 열거할 수 있다고 해도, 나는 세계를 파악할 수 없다. 내가 세계의 기복을 손가락으로 전부 감촉해 보았을 때조차 내가 그 이상을 알 수가 없는 까닭이다. 당신은 확실하되 아무것도 알려주지 않는 묘사와, 가르쳐 준다고 하지만 결코 확실하지 않은 가설들 사이에서 선택을 하라고 나에게 말한다. 나 자신과 세계에 대하여 이방인이며, 도움이 될 것이라고는 고작해야 긍정하자마자 자진해서 부정하는 사유로 무장한 이 상황이란 도대체 어떤 것인가? 나는 살고 아는 것을 거부함으로써만 평화를 누리고, 정복의 욕구는 공략을 비웃는 벽에 부딪치고 있는 것이다. 원한다는 것, 그것은 역설들을 야기하는 것이다. 태평함, 잠자는 마음 또는 죽음의 체념이 가져다주는 독이 든 평화가 태어나도록 모든 것이 조정되어 있다.

그리하여 지성 또한 이 세계가 부조리하다고 나름대로 나에게 말한다. 지성의 반대인 맹목적 이성이 모든 게 명확하다고 주장해 보았자 부질없는 일이다. 나는 근거를 기대하며 그것이 옳기를 바랐다. 잘난 체하는 그 많은 세기들에도 불구하고, 또 언변 좋고 설득 잘하는 그 많은 사람들을 뛰어넘어, 나는 그것이 틀렸음을 안다. 적어도 이 차원에서만큼은, 만약 내가 알 수 없다면 행복은 가능하지 않다. 실제적이거나 정신적인 보편적 이성, 결정론, 모든 것을 설명하는 범주들은 정직한 사람으로 하여금 웃음을 터뜨리게 만드는 측면이 있다. 이것들이 정신과 아무런 관계도 없는 까닭이다. 그것들은 연쇄되어 있을 수밖에 없는 정신의 깊은 진리를 부정한다. 불가해하고 한정된 이 세계 속에서 인간의 운명이 이제 의미를 갖게 된다. 수많은 불합리가 일어나 마지막 순간까지 인간의 운명을 에워싼다. 이제 되돌아온 합치된 통찰 속에서 부조리의 감정이 밝아지며 분명해진다. 나는 세계가 부조리하다고 말했는데, 너무 빨랐다. 이 세계 자체는 합리적이지 않고, 이것이 우리가 말할 수 있는 전부이다. 그러나 부조리한 것, 그것은 이 불합리와, 명확함을 향한 미친 듯한 욕망 간의 대면이거니와, 이 명확함에 대한 부름은 인간의 가장 깊은 곳에서 메아리치고 있다. 부조리는 세계만큼이나 인간에게 달려 있다. 현재로서는 부조리는 둘을 잇는 유일한 끈이다. 마치 증오만이 존재들을 묶어놓을 수 있는 것처럼, 부조리는 인간과 세계를 서로 연결한다. 바로 이것이, 나의 모험이 지속되는 척도 없는 이 세계 속에서 내가 분명하게 식별하는 전부다. 여기서 잠시 멈추어 보자. 만약 나와 삶과의 관계를 정하는 이 부조리를 내가 진짜라고 여긴다면, 만약 세계의 모습들 앞에서 나를 사로잡는 이 느낌, 나로 하여금 학문을 탐색하게 하는 이 통찰을 내가 믿는다면, 나는 이 확신을 위해 모든 것을 희생해야 하며 그것을 정면으로 바라보면서 유지해야만 한다. 특히 나는 그 확신에 나의 행위를 일치시켜야 하고, 그 결과 가운데 그것을 견지해야만 한다. 나는 지금 정직성에 대하여 말하고 있다.

— *『시지프 신화』*

부조리의 자유

나는 내가 포기할 수 없는 몇 가지 자명한 사실을 붙들고 있다. 내가 아는 것, 확실한 것, 부정할 수 없는 것, 버릴 수 없는 것, 이러한 것이 중요하다. 나는 나에게서 불확실한 향수를 품고 살아가는 부분 전체를 부정할 수는 있어도, 이 통일성의 욕망, 이 해결의 욕구, 이 명확함과 일관성에 대한 요청을 부정할 수는 없다. 나는 나를 둘러싸고 나와 부딪치거나 나를 열광하게 하는 이 세계의 모든 것을 논박할 수 있으나, 이 혼돈, 이 왕처럼 군림하는 우연, 그리고 무정부 상태에서 생겨나는 이 굉장한 등가성만큼은 어쩔 도리가 없다. 이 세계가 그것을 넘어서는 어떤 의미를 갖고 있는지 나는 알지 못한다. 하지만 나는 내가 그 의미를 모를 뿐더러 지금으로서는 내가 그것을 아는 것 자체가 불가능하다는 사실을 안다. 나의 조건 밖에 위치하는 의미작용이 나에게 무슨 의미가 있을까? 나는 인간의 말을 통해서만 이해할 수 있다. 내가 만지는 것, 나에게 저항하는 것, 이것이 내가 이해하는 것이다. 절대와 통일성에 대한 욕구, 그리고 이 세계를 합리적이고 이성적인 원칙으로 환원할 수 없다는 사실, 이 두 가지 확실함은 화해가 불가능하다는 점을 나는 또한 안다. 다른 어떤 진실을 내가 인정할 수 있을까? 내가 갖고 있지 않고, 내 조건의 한계 안에서 아무것도 의미하지 않는 희망을 개입시키지 않고서 말이다.

만약 내가 나무들 가운데 하나라면, 동물들 가운데 고양이라면, 이 삶에는 어떤 의미가 있을지도 모른다. 아니, 차라리 아무 문제도 안 될 것이, 나는 이 세계의 일부가 될 테니 말이다. 나는 지금 나의 모든 의식을 통해, 친밀함에 대한 나의 모든 요청을 통해 대립하고 있는 이 세계일 것이다. 그토록 하찮은 이 이성, 그것이 나를 창조 전체와 대립하게 한다. 내가 창조를 대번에 부정할 수는 없는 노릇이다. 내가 진실이라고 믿는 것, 나는 그것을 견지해야만 한다. 나에게 그토록 자명하게 나타나는 것, 설사 그것이 나에게 적대적이라고 하더라도 나는 그것을 주장해야만 한다. 나의 정신과 세계 사이의 이 갈등, 이 분열의 바탕을 이루는 것은 그에 대하여 내가 갖고 있는 의식이 아니면 무엇일까? 만약 내가 그것을 견지하고자 한다면, 이는 언제나 새로워지고 언제나 긴장된 하나의 항구적 의식을 통해서 가능하다. 지금으로서는 바로 이러한 것이 내가 새겨두어야 할 것이다. 그러할 때 그토록 자명하고 그토록 쟁취하기 어려운 부조리는 한 인간의 삶 속으로 들어가 자기 고향을 되찾는다. 또 그러할 때 정신은 명철한 노력의 건조하고 메마른 길을 떠날 수 있다. 길이 이제 일상생활 속으로 나아가는 까닭이다. 길은 그렇게 익명적 'on'의*

* 프랑스어의 부정대명사 'on'은 단수, 복수 상관없이 모든 인칭에 적용될 수 있어서 무인칭적·익명적 성격을 띤다.

세계를 되찾는다. 그러나 인간은 이제 반항과 통찰을 갖고 그리로 돌아온다. 그는 희망하는 법을 잊었다. 현재의 지옥, 결국 이것이 그의 왕국이다. 모든 문제가 다시 날카로움을 띤다. 추상적 자명함이 형태와 색채의 서정 앞에서 물러선다. 정신적 갈등이 구체적 모습을 띠며, 인간의 마음 속에 자리한 비참하고도 멋진 피난처를 되찾는다. 해결된 것은 아무것도 없다. 하지만 모든 것이 얼굴을 바꾸었다. 죽을 것인가, 비약을 통해 피할 것인가, 또는 자기에게 꼭 맞는 관념과 형태의 집을 지을 것인가? 아니면 반대로 부조리의 고통스럽고도 경이로운 내기를 지속할 것인가? 이 점에 대하여 마지막 노력을 기울이며 모든 결과를 끌어내도록 하자. 육체, 애정, 창조, 행동, 인간적 고귀함이 이 미친 세계 속에서 바야흐로 자리를 회복한다. 인간은 거기서 마침내 부조리의 포도주와 무심함의 빵을 발견할 테고, 그것으로 자신의 위대함을 먹일 것이다.

다시 한 번 방법을 강조해 두도록 하자. 관건은 고집스레 버티는 것이다. 부조리의 인간이 길을 가다가 어느 지점에 이르면 유혹을 받게 된다. 역사 속에는 종교와 예언자들, 심지어 신 없는 종교와 예언자들이 넘쳐난다. 사람들은 부조리의 인간에게 비약할 것을 주문한다. 그러나 부조리의 인간이 대답할 수 있는 모든 것은 그로서는 잘 이해할 수 없다는 것, 그것은 자명하지 않다는 것이다. 그는 자기가 잘 이해하는 것만을 하고자 한다. 이는 오만의 죄라고 사람들이 단언한다. 하지만 그는 죄의 개념을 이해하지 못한다. 종국에는 어쩌면 지옥이 있을 것이라고 한다. 하지만 그는 그 이상한 미래를 머릿속에 그려볼 수 있을 만큼 상상력이 풍부하지 않다. 영생을 잃게 될 것이라고 한다. 하지만 그에게는 영생이 부질없어 보인다. 사람들은 그에게 죄의식을 느끼게 하려고 한다. 그러나 그는 자신이 결백하다고 느낀다. 사실 그는 돌이킬 수 없는 결백함, 이것만을 느낀다. 이 결백함은 그에게 모든 것을 허용한다. 이렇듯 그가 스스로 요청하는 것, 그것은 오로지 그가 아는 것만으로 살아가고, 있는 것을 갖고 해결하며, 확실하지 않은 것은 아무것도 개입시키지 않는 것이다. 확실한 것은 아무것도 없다고 사람들이 대답한다. 하지만 적어도 확실한 것은 아무것도 없다는 이 사실 하나만큼은 확실하다. 그가 볼일이 있는 것은 바로 이 확실성이다.• 그는 높은 곳에 호소하지 않고서 사는 것이 가능한지 알고 싶다.

—『시지프 신화』

• 모든 것을 의심하는 가운데에서도 내가 지금 생각하고 있다는 사실만큼은 의심할 수 없다는 데카르트의 유명한 말을 생각하게 하는 대목이다.

정복

개인은 아무것도 할 수 없다. 하지만 그는 모든 것을 할 수 있다. 이 경이로운 가능성 속의 개인을 내가 왜 찬미하고 또 동시에 박살 내는지 당신은 이해한다. 개인을 으스러뜨리는 것은 세계이고, 그를 해방하는 것은 나다. 나는 그에게 모든 권리를 제공한다.

*

행동 자체는 쓸모가 없다는 사실을 정복자들은 안다. 단 하나 유용한 행동은 인간과 대지를 다시 만드는 것이리라. 나로서는 인간을 다시 만드는 일은 결코 없을 것이다. 그러나 '마치 그러한 것처럼' 해야 한다. 투쟁의 길이 나로 하여금 육체를 만나게 하기 때문이다. 욕된 것이나마 육체는 나의 유일한 확실성이다. 나는 육체로밖에는 살 수가 없다. 피조물은 나의 조국이다. 바로 이 같은 이유로 나는 부조리하고 효력 없는 노력을 선택했다. 그리고 바로 그 같은 이유로 나는 투쟁 쪽이다. 말한 것처럼, 시대 또한 거기에 부응한다. 지금까지 정복자의 위대함은 지리적인 것이었다. 그것은 굴복시킨 영토의 넓이에 따라 측정되었다. 괜히 단어의 의미가 바뀌어 이제 더 이상 승리한 장군을 가리키지 않게 된 것이 아니다. 위대함은 진영을 바꾸었다. 그것은 항의와 미래 없는 희생 속에 있다. 이것이 패배에 대한 기호에 말미암은 것은 결코 아니다. 승리는 원할 만한 것이리라. 하지만 승리는 단 하나뿐이며, 영원한 것이다. 이 승리를 나는 절대 거둘 수 없을 것이다. 바로 이 문제에 나는 부딪치고 또 매달린다. 최초의 현대적 정복자인 프로메테우스의 혁명으로부터 시작하여, 혁명은 언제나 신들에 맞서 완성된다. 그것은 자기 운명에 맞선 인간의 요구이다. 가난한 자의 요구는 하나의 구실일 뿐이다. 나는 그 정신을 역사적 행위 속에서만 파악할 수 있고 바로 거기서 그 정신과 합류한다. 하지만 내가 만족한다고 생각하지 말길 바란다. 본질적 모순 앞에서 나는 나의 인간적 모순을 견지한다. 나는 나의 명철을, 그것을 부정하는 것 한가운데 놓는다. 나는 인간을 박살 내는 것 앞에서 인간을 찬미하고, 이제 나의 자유, 나의 반항 그리고 나의 열정은 이 긴장, 이 통찰 그리고 이 과도한 반복 안에서 서로 만난다.

그렇다. 인간은 스스로의 목적이다. 그의 유일한 목적이다. 그가 무엇인가 되고자 한다면, 그것은 이 삶 속에서이다. 이제 나는 그것을 넉넉히 안다. 정복자들은 때로 물리치고 극복하는 것을 말한다. 하지만 그들이 가리키는 것은 언제나 '스스로를 극복하는 것'이다. 이것이 무엇을 말하고자 하는지 당신은 잘 안다. 인간은 누구나 자기가 신과 동등한 존재라고 느꼈던 적이 있다. 적어도 사람들은 그렇게 말한다. 하지만 이는 인간이 섬광 같은 찰나 속에서 인간 정신의 놀라운 위대함을 느꼈다는 사실에서 온다. 정복자들이란 오로지 인간들 가운데 지속적으로 그 같은 높이에서 위대함을 충일하게 의식하면서 사는 것을 확신할 만큼 충분한 힘을 자기 안에 느끼는 이들이다. 이것은 많고 적음의 산술 문제이다. 정복자들은 가장 많은 것을 할 수 있다. 하지만 인간이 원할 때 그가 할 수 있는 것보다 더 많은 것을 그들이 할 수는 없다. 이러한 연유로 그들은 가장 뜨겁게 타오르는 혁명의 중심으로 뛰어들면서도 결코 인간의 도가니를 떠나지 않는 것이다.

그들은 혁명의 중심에서 사지가 절단된 피조물을 발견한다. 하지만 또한 그들이 사랑하고 경탄하는 유일한 가치, 곧 인간과 그의 침묵을 만나기도 한다. 이는 그들의 헐벗음이자 부(富)이다. 그들에게는 단 하나의 사치만이 있으니, 그것은 인간관계의 사치이다. 이 허약한 세계에서 인간적인 모든 것, 오로지 인간적이기만 한 모든 것이 더욱 뜨겁게 타오르는 의미를 취한다는 사실을 어떻게 이해하지 못할까? 긴장한 얼굴들, 위협받는 우애, 사람들 사이의 그토록 강하고 그토록 수줍은 우정, 이러한 것들은 진정한 부이거니와 소멸하는 것인 까닭이다. 이 부 가운데 정신은 스스로의 힘과 한계를 가장 잘 느낀다. 다시 말해 효력을 제일 잘 느낀다. 어떤 사람들은 천재를 말했다. 하지만 천재는 너무 성급한 말이고, 나로서는 지성이라는 표현을 선호한다. 이제 지성은 멋진 것일 수 있음을 말해야 한다. 그것은 이 사막을 비추며 지배한다. 그것은 스스로의 예속을 알고 이 예속을 설명한다. 지성은 이 몸과 동시에 죽을 것이다. 하지만 이러한 사실을 아는 것, 바로 거기에 지성의 자유가 있다.

—『*시지프 신화*』

시지프 신화

신들은 시지프에게* 바위를 쉼 없이 산꼭대기까지 밀어 올리지만 돌은 거기서 다시 스스로의 무게로 굴러떨어지는 벌을 내렸다. 그들은 무용하고 희망 없는 노동보다 더 끔찍한 벌은 없다고 보았는데, 얼마간 이유 있는 생각이었다.

---

* 그리스식 이름은 '시쉬포스'이다. 하지만 그리스 신화에서 크게 중요하지 않은 인물이 이토록 유명해진 것은 무엇보다 카뮈의 책 덕분이라고 해야 할 것이다. 셰익스피어의 '로미오와 줄리엣'이 16세기에 이탈리아어서 처음 나온 중편소설의 인물들에 따라 '로메오와 율리에타'가 될 필요가 없는 것처럼, 17세기 프랑스 고전 비극의 총화라고 할 라신 비극의 주인공 '앙드로마크'가 그리스식으로 '안드로마케'가 될 필요가 없는 것처럼, 카뮈의 시지프를 굳이 시쉬포스로 불러야 할 필요는 없을 것 같다. 시지프의 이름에는 '지혜'를 뜻하는 '소피'가 포함되어 있고, 따라서 시지프는 지혜 또는 꾀가 많은 인간이며, 이러한 연유로 트로이 전쟁에 참여한 용사들 가운데 지혜가 가장 뛰어난 오뒷세우스, 또는 로마식으로 부르자면 율리시스의 생부로 간주되기도 한다. 시지프는 고대 그리스의 도시 코린토스를 세운 것으로 신화에서 이야기된다.

호메로스에 따르면, 시지프는 인간들 가운데 가장 현명하고 가장 신중한 인물이었다. 하지만 다른 전통에 의하면, 그는 강도질을 하는 성향이 있었다. 나는 두 사실 사이에 모순이 있다고 생각하지 않는다. 그가 지옥의 무용한 일꾼이 되게끔 한 동기에 대하여서는 의견들이 갈린다. 먼저 그가 신들에게 경솔하게 대했다는 잘못이 지적된다. 그는 신들의 비밀을 누설했던 것이다. 주피터가 아소포스의 딸인 아이기나를• 납치했다. 딸의 실종에 놀란 아버지가 시지프에게 하소연했다. 납치의 전모를 아는 시지프는 아소포스에게 코린토스 성내에 물이 들어오게 해주면 사실을 알려주겠다고 제안했다. 그는 하늘의 벼락보다 물의 축복을 선호했던 것이다. 결국 그는 지옥에서 벌을 받게 되었다. 호메로스는 또한 시지프가 죽음의 신을 굴복시켰다고 이야기한다. 자기 제국의 적막하고 조용한 광경 앞에서 플루톤은 참을 수가 없었다. 그는 전쟁의 신을 급파하여 죽음의 신을 승자의 손으로부터 해방시켰다.

또한 곧 죽게 된 시지프가 신중치 못하게도 아내의 사랑을 시험해 보려고 했다는 이야기가 있다. 그는 자기 시체를 관에 넣지 말고 그냥 광장 한가운데 던지라고 주문했다. 시지프는 지옥에 있었다. 그곳에서 인간적 사랑에 그토록 반하는 복종에 화가 난 그는 아내를 벌할 수 있도록 지

• 아소포스는 강의 신이고, 그의 딸인 아이기나는 님프이다. 오늘날 아소포스는 코린토스를 흐르는 강의 이름으로 남아 있으며, 아이기나는 섬의 이름이기도 하다.

상으로 돌아가도 된다는 허락을 플루톤으로부터 얻어냈다. 그러나 이 세계의 얼굴을 다시 보고 물과 햇빛, 뜨거운 돌과 바다를 맛본 그는 더 이상 지옥의 어둠 속으로 돌아가고 싶지 않았다. 소환, 분노 그리고 경고도 소용없었다. 여러 해 동안 그는 굽은 만(灣)과 찬란한 바다와 미소 짓는 대지 앞에서 살았다. 신들의 결정이 필요했다. 메르쿠리우스가 그 배짱 좋은 인물의 덜미를 잡아서는 기쁨으로부터 떼어내어 바위가 준비되어 있는 지옥으로 강제로 끌고 갔다.

벌써 알아차렸을 테지만 시지프는 부조리의 영웅이다. 열정에 의해서만큼이나 고통에 의해서 영웅이다. 신들에 대한 능멸, 죽음에 대한 증오 그리고 삶을 위한 열정은, 온 존재로 열중하되 아무것도 끝내지 못하는 이루 말할 수 없는 형고(刑苦)를 그에게 부과했다. 그것은 이 땅의 열정을 위해 그가 치러야 하는 대가이다. 지옥의 시지프에 대하여 우리는 아무것도 모른다. 신화는 상상력이 그것에 생명을 불어넣도록 되어 있다. 시지프 신화의 경우 우리가 아는 것은 거대한 돌을 들어 올리고 굴려서 비탈을 올라가기 위해 무진장 애를 쓰는, 그리고 이것을 매번 다시 시작해야만 하는 팽팽하게 긴장된 몸의 수고뿐이다. 수축된 얼굴, 돌에 밀착된 뺨, 진흙으로 뒤덮인 바윗덩어리를 받는 어깨와 그것을 괴는 한쪽 발, 다시 시작하기 위해 쭉 뻗은 팔, 아주 인간적인 확실성이 느껴지는 흙투성이 두 손이 보이는 것 같다. 하늘 없는 공간과 깊이 없는 시간에 의해 측량되는 이 긴긴 노력 끝, 마침내 목표는 달성된다. 그러나 바로 이때 시지프는 불과 잠깐 사이에 돌이 저 아래 세계로 굴러떨어지는 것을 바라보고 있어야만 하고, 그는 또다시 돌을 정상을 향해 밀어 올려야 할 것이다. 그는 평원으로 내려간다.

시지프가 나의 관심을 끄는 것은 바로 이 돌아옴, 이 휴지(休止) 동안이다. 그토록 돌과 밀착하여 애쓰는 얼굴은 이미 돌 자체다! 나는 이 사람이 자기로서는 그 끝을 알 도리가 없는 고통을 향해 무겁지만 고른 발걸음으로 내려가는 모습을 본다. 그의 불행만큼이나 확실하게 되돌아오는, 마치 호흡과도 같은 이 시간, 그것은 의식의 시간이다. 정상을 떠나 신들의 소굴을 향해 차차 빠져들어 가는 이 순간, 그는 자신의 운명보다 더 우월하다. 그는 그의 바위보다 더 강하다.

이 신화가 비극적이라면, 그것은 주인공이 의식하고 있기 때문이다. 만약 매 걸음걸음 성공의 희망이 그를 떠받쳐 준다면 왜 그가 고통스럽겠는가? 요즘 노동자는 살아 있는 동안 매일 같은 일을 하고, 이 운명 또한 부조리하기는 마찬가지이다. 하지만 그는 그가 의식을 갖는 드문 순간들에만 비극적이다. 신들의 프롤레타리아로서 무기력하되 반항적인 시지프는 자신의 비참한 조건의 전체 폭을 안다. 그가 아래로 내려가면서 생각하는 것은 바로 이 조건이다. 그를 고통스럽게 할 통찰은 단번에 그의 승리를 완성한다. 능멸을 통해 극복할 수 없는 운명은 존재하지 않는다.

*

어떤 날에 하강이 이렇듯 고통 속에서 행해진다면, 그것은 또한 기쁨 가운데 이루어질 수도 있다. 이 말은 과장이 아니다. 나는 다시 한 번 자기 바위를 향해 돌아오는 시지프를 상상한다. 처음에는 고통이었다. 대지의 이미지들이 기억에 너무 세차게 사무칠 때, 행복의 부름이 너무나도 절박하게 느껴질 때, 인간의 가슴에서는 슬픔이 고개를 드는 법이다. 한데 이것은 바위의 승리이다. 아니 바위 그 자체이다. 거대한 비탄은 짊어지기에 너무나도 무겁다. 그것은 우리의 겟세마네 동산의 밤이다. 그러나 압살하는 진리는 확인되는 순간 소멸한다. 오이디푸스는 그렇게 우선 사정을 알지도 못한 채 운명에 순종한다. 그의 비극이 시작되는 것은 바로 그가 알게 되는 순간부터이다. 하지만 동시에 눈 멀고 절망한 오이디푸스는 자신을 세상에 이어주는 유일한 끈, 그것은 어린 딸의 신선한 손임을 알아차린다. 이 순간 그야말로 도를 넘은 말이 울려 퍼진다. "그 많은 시련에도 불구하고 나의 늙은 나이와 영혼의 위대함은 모든 게 선이라고 판단하게 한다." 소포클레스의 오이디푸스는 이렇듯 도스토옙스키의 키릴로프와 마찬가지로 부조리의 승리의 경구를 제공해 준다. 고대의 지혜가 현대적 영웅주의와 합류하고 있는 것이다.

부조리를 발견하는 사람은 행복의 교본을 쓸 유혹을 느끼기 마련이다. "아니, 뭐라고! 그토록 좁은 길을 통해서……?" 하지만 세계는 하나뿐이다. 행복과 부조리는 같은 대지의 두 아들이다. 그들은 서로 떨어질 수 없다. 행복이 반드시 부조리의 발견에서 태어난다고 말한다면 오류이리라. 부조리의 느낌이 행복에서 태어나기도 하기 때문이다. "나는 모든 게 선이라고 판단한다"라는 오이디푸스의 말은 성스러운 것이다. 그것은 인간의 사납고 제한된 세계 가운데 울려 퍼진다. 그것은 모든 게 소진되는 것은 아니며 소진되지도 않았음을 가르쳐 준다. 그것은 또한 불만, 그리고 무용한 고통에 대한 취향과 함께 이 세계에 들어온 신을 쫓아낸다. 운명을 인간의 문제, 다시 말해 인간들 사이에서 해결되어야 할 문제로 바꾸어 놓는 것이다.

바로 여기에 시지프의 모든 말없는 기쁨이 있다. 그의 운명은 그에게 속한다. 그의 바위는 그의 것이다. 마찬가지로 부조리의 인간은 자신의 고통을 응시하면서 모든 우상을 침묵하게 만든다. 그렇게 문득 침묵으로 되돌려진 세계 속에서는 대지의 무수히 많은 경이로운 작은 목소리들이 오른다. 은밀하고 무의식적인 부름들이며 모든 얼굴의 초대인 그것들은 승리의 필연적 이면이자 대가이다. 그늘 없는 빛은 없으므로 밤을 알아야 한다. 부조리의 인간은 예라고 말하고, 그의 노력은 더 이상 끝이 없을 것이다. 개인적 운명은 있어도 상위의 운명 따위는 결코 없을 것이나, 적어도 하나 있다면 그것은 그가 숙명적이고 경멸스러운 것으로 판단하는 운명이리라. 그 밖의 것에 대하여 그는 자신이 자기 날들의 주인임을 안다. 인간이 스스로의 삶을 향해 돌아서는 이 예민한 순간에 시지프는 자기 바위를 향해 돌아오다가 그의 운명이 되어버린 이 연관 없는 일련의 행동들을 응시한다. 이 운명은 그가 창조한 것이고 그의 기억의 시선 아래 통일되었으며, 이내 그의 죽음에 의해 봉인될 것이다. 이렇듯 모든 인간적인 것의 온전히 인간적인 기원을 확신하며, 보고자 하되 밤은 끝이 없음을 아는 장님인 시지프는 언제나 걷고 있다. 바위가 또 다시 구른다.

나는 산 아래에서 시지프를 떠난다! 그의 짐은 언제든 다시 발견할 수 있을 것이다. 하지만 시지프는 신들을 부정하고 바위를 들어 올리는 상위의 충실함을 가르쳐 준다. 그 또한 모든 게 선이라고 판단한다. 주인 없는 이 세계는 이제 그의 눈에 불모의 것으로도, 하찮은 것으로도 보이지 않는다. 이 돌 표면에서 감촉되는 각각의 결, 어둠으로 가득 찬 이 산에서 광물이 발하는 각각의 빛은 그것만으로도 하나의 세계를 형성한다. 산꼭대기를 향한 싸움 자체가 인간의 마음을 채우기에 충분하다. 행복한 시지프를 상상해야 한다.

— *『시지프 신화』*

『반항인』 서론

열정의 범죄가 있고 논리의 범죄가 있다. 형법은 계획적인지 아닌지를 기준으로 둘을 꽤나 편리하게 구별한다. 우리는 계획과 완전범죄의 시대를 살고 있다. 우리 범죄자들은 이제 더 이상 사랑의 핑계를 내세우는 힘없는 아이들이 아니다. 그들은 도리어 어른이며 그들의 알리바이는 반박이 불가능하다. 이 알리바이는 만능의 철학으로, 심지어 살인자를 판관으로 바꾸어 놓을 수도 있다.

『폭풍의 언덕』에서 히스클리프는 캐시를 차지하기 위해서라면 지구 전체라도 죽일 참이다. 하지만 이 살해가 합리적이라거나 어떤 시스템에 의해 정당화될 수 있으리라고 말할 생각은 그가 하지 않으리라. 만약 그가 자기 바람을 이룬다면, 거기서 그의 모든 믿음은 멈출 것이다. 이는 사랑의 힘을, 그리고 성격을 가정한다. 사랑의 힘이 드문 만큼, 살해는 예외적인 사건으로 남고, 그렇게 불법적 분위기가 유지된다. 그러나 성격이 부족하여 주의(主義)를 확보하러 달려가는 순간부터, 범죄가 스스로 추론을 하는 바로 그 순간부터, 살해는 마치 이성 그 자체인 양 증식하며 탁상공론의 갖은 양상을 띤다. 살해는 외침처럼 외로웠지만 이제는 학문처럼 보편적이다. 어제 심판받던 그것이 오늘 제멋대로 행동한다.

여기서 분개할 필요는 없을 것이다. 이 에세이는 다시 한 번 논리적 범죄라는 지금의 현실을 받아들이고 그것의 정당화를 정확하게 검토하는 데 목적을 두고 있다. 이는 나의 시대를 이해하기 위한 노력의 일환이다. 불과 오십 년 만에 7000만 명에 달하는 인간을 추방하고 굴종시키고 죽인 시대는 먼저 심판받아야 한다고 생각할 것이다. 하지만 여기에 더해 그것의 죄의 성격를 이해해야만 한다. 폭군이 자신의 위대한 영광을 위하여 도시들을 밀어버리고, 개선장군이 전차에 노예를 매어 단 채 환호하는 도시를 행진하며, 운집한 사람들 앞에서 적을 맹수들에게 던져주던 시대 같으면, 그토록 순진한 범죄 앞에서, 의식은 단호하고 심판은 명확할 수 있었다. 그러나 자유의 깃발을 내건 노예 수용소나, 인간에 대한 사랑 또는 초인(超人)에 대한 기호가 정당화해 주는 살육 같은 것들은, 어떤 면에서는 심판을 당혹스럽게 만든다. 범죄가 순수의 거죽으로 치장하는 날에는, 우리 시대 특유의 의아한 전도(轉倒)에 따라, 도리어 순수가 정당성을 제시하라고 독촉받는 일이 일어난다. 이 에세이의 야심은 이렇듯 기이한 도전을 받아들이고 검토하는 것이다.

— 『반항인』

반항인

반항인이란 무엇인가? 아니오라고 말하는 사람이다. 한데 그가 거부한다고 해서 포기하는 것은 아니다. 최초로 반응하는 순간부터 그는 예라고 말하는 사람이기도 하다. 평생 명령을 받아온 노예가 갑자기 새로운 지시를 받아들일 수 없다고 판단한다. 이 '아니오'의 내용은 무엇인가?

그는 예를 들어 이렇게 말한다. "그것들은 너무 오래 지속되었습니다." "거기까지는 예, 그 이상은 아닙니다." "당신은 도를 넘고 있습니다." "당신이 넘어서는 안 되는 한계가 있습니다." 요컨대 이 아니오는 경계(境界)의 존재를 긍정한다. 상대방이 '지나치다'고 보는 반항인의 감정에도 동일한 한계의 관념이 발견된다. 상대방은 자기 권리를 경계 너머로 확장하려고 하지만, 그 경계에서부터는 다른 사람의 권리가 맞서며 그의 권리를 제한하는 것이다. 이렇듯 반항의 움직임은 용납할 수 없는 것으로 판단되는 침해에 대한 단호한 거부와 동시에 정당한 권리, 좀 더 정확히 말하자면 반항인이 갖는 '마땅한 권리가 있다'는 느낌에 기댄다. 어떤 식이건, 그리고 어떤 부분이건, 스스로 옳다는 느낌 없이 반항은 성립하지 않는다. 바로 이 점에서 반항하는 노예는 예와 아니오를 동시에 말한다고 할 수 있다. 그는 경계를 말하는 동시에 이 경계 안쪽에서 자신이 짐작하고 또 지키고자 하는 모든 것을 긍정하고 있는 것이다. 자기 안에는 '그만한 가치가 있고' 주의를 기울일 것이 요구되는 어떤 것이 있음을 그는 고집스럽게 증명한다. 어떤 면에서 그는 자신을 억압하는 질서에다가, 그가 받아들일 수 있는 것을 넘어서는 일종의 억압받지 않을 권리를 대립시킨다.

모든 반항에는 침해자에 대한 반발과 함께 인간이 스스로의 어떤 몫에 대하여 갖는 전적이고도 즉각적인 찬동이 있다. 따라서 그는 하나의 가치 판단을 개입시키는 셈이다. 한데 이 가치 판단은 결코 무상적이지 않은지라 그는 그것을 위험 가운데 유지해야 한다. 이제까지 그는 부당하다고 생각하는 조건을 감수하면서 절망에 버려진 채 침묵했다. 침묵, 그것은 아무것도 판단하거나 욕망하지 않는다고 믿게 만들고, 경우에 따라서는 실제로 아무것도 욕망하지 않는 것이다. 절망은 부조리와 마찬가지로 일반적으로는 모든 것을 판단하고 욕망하지만 개별적으로는 아무것도 판단하고 욕망하지 않는다. 이를 침묵은 잘 말해준다. 하지만 그가 말하는 순간부터, 설사 그가 아니오라고 할 때조차, 그는 욕망하고 판단하게 된다. 반항인은 어원적 의미로 돌아서서 맞서는 사람이다. 그는 주인의 채찍 아래 움직여 왔다. 그런 그가 이제 맞선다. 바람직한 것을 그렇지 못한 것에 맞세운다. 모든 가치가 반항으로 이어지지는 않는다. 하지만 모든 반항의 움직임은 묵시적으로 가치를 내세운다. 그렇다면 적어도 하나의 가치가 문제 되는가?

아무리 막연하다고 하더라도, 반항의 움직임으로부터 하나의 의식이 태어난다. 문득 명백한 그것은 인간에게는 일시적으로나마 스스로와 동일시할 수 있는 어떤 것이 있다는 인식이다. 이 동일시는 지금껏 실제적인 것으로 느껴지지 않았다. 저항의 움직임 이전에 노예는 온갖 수탈을 감수할 뿐이었다. 심지어 그는 종종 그의 거부를 촉발하는 것보다 더 큰 반항심을 불러일으키는 명령을 아무런 저항 없이 받아들이곤 했다. 그가 인내심을 발휘한 것은, 아마도 속으로는 그 명령을 물리치면서도 자기 권리를 의식하기보다 즉각적인 이익에 더 집착하면서 침묵했기 때문이다. 그러던 그가 이제 인내심을 잃고 조급함을 느낌과 동시에, 도리어 이전에 받아들이던 모든 것으로까지 확장될 수 있는 하나의 움직임이 시작된다. 이 도약은 거의 언제나 소급적이다. 수치를 느끼게 하는 윗사람의 명령을 물리치는 순간, 노예는 그와 동시에 노예라는 신분 자체를 물리친다. 반항의 움직임과 함께 그는 단순한 거부의 경우보다 더 멀리 나아간다. 그는 심지어 상대방에게 정해놓았던 한계를 넘어 이제는 동등하게 대우받을 것을 요구한다. 애초에 인간의 완강한 저항이었던 것이 바야흐로 인간 전체가 된다. 이 인간 전체가 저항과 동일시되며 저항으로 요약되는 까닭이다. 그는 존중받고자 했던 자신의 부분을 이제 나머지 부분보다 더 높은 곳에 두며 모든 것보다, 심지어 생명보다 그것을 더 우선시한다고 선언한다. 그 부분은 그에게 최고선이 된다. 이전에 타협에 자리 잡고 있던 노예는 대번에 ("왜냐하면 이러하기 때문에……") 전부 아니면 전무(全無) 속으로 자신을 던진다. 반항과 함께 의식이 태어나는 것이다.

그러나 이 의식은 아직은 상당히 모호한 전부에 대한 의식인 동시에 그 전부를 위한 인간의 희생 가능성을 예고하는 '전무'에 대한 의식임을 알게 된다. 반항인은 전부이고자 하며, 그가 문득 의식하여 자기 존재 안에서 확인받고 또 인정받길 원하는 그 선(善)과 완전히 동일시되고자 한다. 그게 아니면 차라리 전무이고자 한다. 다시 말해 그를 지배하는 힘에 의해 결정적으로 실추되길 바란다. 극단적인 경우 예컨대 그가 자유라고 부를 배타적 인정이 박탈되었을 때 그는 죽음이라는 종국적 실추를 받아들이기까지 한다. 무릎을 꿇고 사느니 차라리 서서 죽겠다는 것이다.

가치란 현명한 저자들에 따르면, "자주 사실에서 도리로, 바라는 것에서 바람직한 것으로의 이행을 (일반적으로 여럿이 공통으로 바라는 것을 통해서) 나타낸다".• 우리가 본 것처럼, 도리로의 이행은 반항에서 명백하게 드러난다. '그래야 할 것이다'에서 '그러하길 원한다'로의 이행 또한 마찬가지이다. 여기에 더해 어쩌면 이제는 공통의 것인 선을 향한 개인의 극복이라는 개념에 대해서도 말할 수 있겠다. 전부 또는 전무의 출현은, 일반적인 견해와는 반대로, 그리고 그것이 전적으로 인간의 개인적인 차원에서 생겨남에도 불구하고, 반항이 개인의 개념 자체를 재고하게 만든다는 사실을 보여준다. 실제로 개인이 반항의 움직임 가운데 죽기를 받아들이고 또 경우에 따라 죽는다면, 그는 이를 통해 자기 자신의

• [원주] 랄랑드, 『철학용어집』

운명을 넘쳐나는 것으로 평가하는 선을 위해 스스로를 희생한다는 것을 보여주게 된다. 자신이 방어하는 권리의 부정보다 죽음의 행운을 그가 선호한다면, 그것은 이 권리를 자신보다 더 높은 곳에 두기 때문이다. 따라서 그는 하나의 가치의 이름으로 움직이고 있는 셈이다. 이 가치는 아직은 불명확하다. 하지만 적어도 그것은 그를 비롯한 모든 인간 공통의 것이라는 느낌을 그는 갖고 있다. 우리는 모든 반항 행위에 내포된 긍정이—개인을 추정된 고독으로부터 끌어내고 또 행동할 이유를 그에게 제공해 줌에 따라—개인을 넘쳐나는 어떤 것으로 확장시키는 것을 본다. 벌써 주목해야 할 중요한 사실은 모든 행동에 선행하는 이 가치가, 가치란 (만약 그것이 쟁취되는 것이라면) 행동 끝에 쟁취된다는 순수하게 역사적인 철학들을 반박한다는 점이다. 반항에 대한 분석은 적어도 인간 본성이 있으리라는 의심으로 이끈다. 그리스인들이 그렇게 생각했던 것처럼, 하지만 현대적 사유의 가설들과는 반대로 말이다. 자기 안에 보존해야 할 항구적인 것이 아무것도 없다면 왜 반항할까? 단지 그에게만 속하지 않는 어떤 것이, 모든 인간, 심지어 그를 모욕하고 억압하는 자까지도 하나의 준비된 공동체를 갖는• 일반적인 어떤 것이, 모종의 명령에 의해 그에게 부정되었다고 판단할 때 노예가 그에 대항하여 일어서는 것은 모든 존재들을 위한 것이기도 하다.

• [원주] 희생자들의 공동체는 희생자를 사형집행인과 결합시키는 공동체와 같은 공동체이다. 하지만 사형집행인은 그러한 사실을 알지 못한다.

두 가지 관찰이 이 추론을 뒷받침해 줄 수 있다. 먼저 반항의 움직임은 본질적으로 이기적 움직임이 아님을 주목해야 한다. 거기에는 아마도 이기적 결정들이 있을 수 있다. 그러나 반항은 억압만큼이나 거짓말을 향할 것이다. 게다가 그러한 결정들에서 출발하여 가장 심오한 도약 가운데 있는 반항인은 아무것도 지키지 않는다. 그는 전부를 걸기 때문이다. 그는 아마도 자신에 대한 존중을 요구할 것이다. 하지만 이는 자연적 공동체와 그가 동일시되는 한에서이다.

이어서 반항은 오로지 그리고 반드시 억압받는 사람에게서만 생겨나지 않고 다른 사람이 희생되는 억압의 광경에서도 생겨날 수 있다는 사실을 지적하도록 하자. 이 경우에는 다른 개인과의 동일시가 있다. 정확히 해야 할 것은 개인이 상상을 통해 자신이 모욕을 당한다고 느끼는 술책인 심리적 동일시와는 다른 문제라는 점이다. 오히려 우리 자신이 반항 없이 겪어냈던 모욕이 다른 사람들에게 부과되는 것은 참지 못하는 일이 일어날 수 있는 것이다. 형장에서 동지가 매질당하는 것을 보고 자살한 러시아 테러리스트들이 이 위대한 움직임을 예시해 준다. 이익 공동체의 감정 또한 문제 되지 않는다. 실제로 우리는 우리의 적수로 간주하는 사람들에게 부과된 불의를 보고 반항심을 느낄 수 있다. 오직 운명의 동일시와 결단만이 있을 뿐이다. 따라서 개인이 지키고자 하는 가치가 그 개인에게만 국한되는 것은 아니다. 이 가치를 구성하기 위해서는 적어도 모든 인간이 필요하다. 반항 가운데 인간은 스스로를 극복하며 타인으로 향하고, 이러한 관점에서 보면 인간의 연대성은 형이상학적이다. 다만 지금 문제 되는 것은 굴레 속에서 태어나는 연대성이다.

모든 반항을 통해 추정되는 가치의 긍정적 양상은, 슐러가[•] [••] 정의한 원한의 개념같이 완전히 부정적인 개념과 비교할 때 더 정확히 나타난다. 사실 반항의 움직임은 강한 의미의 요구 행위 이상이다. 슐러는 원한을 일종의 자가중독으로, 곧 단절된 고립 상태 속에서 무기력이 지속되면서 생겨난 해로운 분비물로 매우 잘 정의했다. 반항은 그와 반대로 존재를 깨뜨리고 또 넘쳐나도록 돕는다. 그것은 물결들을 해방하며, 정체되어 있던 이 물결들은 맹렬해진다. 슐러는 욕망과 소유에 골몰한 여자들의 심리에서 원한이 차지하고 있는 커다란 자리를 주목하며 그것의 수동적 양상을 강조한다. 반항의 근원에서는 오히려 과잉 활동과 에너지의 요소가 발견된다. 슐러는 시기심이 원한을 강하게 물들인다고 말하는데, 그의 말은 옳다. 사람은 자기가 갖지 못한 것에 대하여 시기하지만, 반항인은 스스로를 지키고자 한다. 그는 단지 자신이 소유하지 못했거나 아니면 박탈당한 재화를 요구하는 게 아니다. 그는 그가 갖고 있을 뿐만 아니라, 거의 모든 경우 그가 부러워할 만한 것보다 훨씬 더 중요한 것으로 그에 의해 이미 인정된 어떤 것을 확인시키고자 한다. 반항은 현실주의적이지 않다. 계속해서 슐러에 따르면, 원한은 그것이 강한 영혼에서 자라나느냐 아니면 허약한 영혼에서 자라나느냐에 따라 출세주의

• [원주] 『원한의 인간』, NRF.

•• 독일 철학자인 막스 슐러(Max Scheler, 1874~1928)는 후설의 제자로, '마음'의 현상학을 개진했다.

가 되거나 쓰라림이 된다. 다만 두 경우 모두 인간은 자신과 다른 존재가 되길 원한다. 원한은 언제나 자신에 반(反)하는 원한인 것이다. 반면에 반항인은 첫 움직임 당시 다른 사람이 그의 존재를 건드리기를 거부한다. 그는 자기 존재의 한 부분의 온전함을 위해 투쟁한다. 그는 우선 정복하려 하지 않고 부과하려고 한다.

마지막으로 원한은 자신이 품은 앙심의 대상이 고통을 느끼는 모습을 미리 즐기는 듯 여겨진다. 복자(福者)들이 하늘에서 누리는 가장 큰 지복은 로마 황제들이 지옥에서 불타는 모습을 보는 것이리라고 테르툴리아누스가• 독자들에게 말하는 구절에서 니체와 쉴러가 그 같은 감정의 적절한 예시를 본 것은 옳았다. 그 지복은 또한 사형 집행을 구경하러 가는 정직한 사람들의 것이기도 하다. 반항은 이와 반대로 굴욕을 거부하되 그것을 다른 사람을 향해 요구하지 않는 것을 원칙으로 삼는다. 반항은 심지어 고통을 그 자체로서 받아들이기까지 한다. 그의 온전함이 존중될 수 있는 한에서 말이다.

• 테르툴리아누스(Quintus Septimius Florens Tertullianus, 160~220)는 카르타고 출생의 기독교 신학자이자 철학자이다. '삼위일체'라는 말을 처음으로 사용했다.

[…]

요컨대 우리가 지금까지 검토한 것과 같은 반항의 움직임에서는 마음의 가난에 의해, 그리고 불모의 요구를 목표로 삼아, 어떤 추상적 이상을 선택하지 않는다. 요청하는 것은 인간에게서 관념으로 환원될 수 없는 것, 곧 존재 이외에는 다른 아무것에도 소용될 수 없는 뜨거운 부분을 고려하는 것이다. 반항에는 원한이 실리는 법이 없다고 해야 할까? 그렇지 않다. 앙심의 세기에 사는 우리는 그것을 충분히 잘 알고 있다. 하지만 우리는 반항의 개념을 배반하지 않도록 그것을 가장 넓은 의미에서 이해해야 하며, 이러한 관점에서 반항은 모든 면에서 원한을 넘쳐흐른다. 『폭풍의 언덕』에서 히스클리프가 신보다 자신의 사랑을 우선시하며 자기가 사랑하는 여인과 결합하기 위해 지옥을 요구할 때, 거기서 말하고 있는 것은 모욕당한 젊음뿐 아니라 한 인생 전체의 불타는 체험이다. 똑같은 움직임이 마이스터 에크하르트로• 하여금 놀라운 이단적 격정 가운데 자신은 예수 없는 하늘보다 예수와 함께하는 지옥이 더 낫다고 말하게 한다. 반항은 사랑의 움직임 그 자체이다. 슐러와는 반대로, 우리는 반항의 움직임 속에 흐르며 그것을 원한과 구별해 주는 열정적 긍정을 아무리 강조해도 지나치지 않을 것이다. 아무것도 창조하지 않으므

• 마이스터 에크하르트(Johannes Eckhart, 1260~1327 또는 1328)는 독일 오크하임 출생의 신학자이자 철학자이다.

로 겉보기에 부정적인 반항은, 인간에게서 언제나 지켜내야 할 것을 드러내는 까닭에 심오하게 긍정적이다.

[…]

이렇듯 인간 정신에는 두 개의 가능한 세계, 곧 성스러움의 세계(기독교의 언어로 말하자면 은총의 세계)와* 반항의 세계밖에 없다는 사실을 보여줄 수 있을 것이다. 전자의 사라짐은 후자의 출현과 일치한다. 이 출현은 당혹스러운 형태 아래 이루어질 수 있지만 말이다. 여기서 우리는 다시 한 번 전부 아니면 전무와 맞닥뜨린다. 반항의 문제가 우리의 관심을 끌 수 있는 것은 오로지 사회 전체가 오늘날 성스러움에 대하여 거리를 취하고자 한다는 사실에 기인한다. 우리는 탈신성화된 역사를 살고 있는 것이다. 인간은 확실히 저항으로 요약되지 않는 존재이다. 하지만 오늘의 역사는 그 항의들을 통해 반항이야말로 인간의 가장 본질적인 차원 가운데 하나라고 말할 것을 우리에게 강요한다. 반항은 우리의 역사적 현실인 것이다. 현실을 회피하지 않는 한, 우리는 그 안에서 우리의 가치들을 찾아야만 한다. 성스러움과 그것의 절대적 가치들로부터 멀리

---

* [원주] 물론 초기 기독교에는 형이상학적 반항이 있었다. 하지만 그리스도의 부활, 재림의 예고, 그리고 영생의 약속으로 해석된 신의 왕국 같은 대답들은 그것을 쓸모없는 것으로 만들었다.

떨어진 곳에서 행동 방침을 찾아낼 수 있을까? 이것이 바로 반항이 제기하는 문제이다.

반항이 자리 잡는 그 한계에서 태어나는 막연한 가치를 우리는 이미 새겨둘 수 있었다. 이제 우리는 그 가치가 현대적인 형태의 반항적 사유와 행동에서도 발견되는지 질문해야 하고, 만약에 그렇다면 그 내용은 무엇인지 명확히 해야만 한다. 하지만 그 가치의 토대는 반항 그 자체임을 더 나아가기에 앞서 먼저 지적해 두도록 하자. 인간들의 연대는 반항의 움직임 위에서 수립되고, 이 반항의 움직임은 다시 인간들의 동조 속에서만 정당성을 얻는다. 따라서 우리는 연대를 부정하고 파괴하는 모든 반항은 그로써 반항의 이름을 잃어버리며, 살인에 대한 찬동과 사실상 일치하게 된다고 말할 수 있다. 마찬가지로 성스러움의 바깥에 위치하는 그 연대는 반항의 층위에서만 생명력을 얻는다. 그렇게 반항의 사유의 진짜 드라마는 예고된다. 존재하기 위해 인간은 반항해야만 한다. 그러나 이 반항은 반항이 스스로에게서 발견하는 한계, 인간들이 서로 만나면서 바야흐로 존재하기 시작하는 지점으로서의 한계를 존중해야만 한다. 반항의 사유에는 따라서 기억이 필수적이다. 그것은 일종의 항구적 긴장이다. 그것의 과업과 행위를 따라가면서 우리는 매번 그것이 본래의 고귀함에 충실하게 남아 있는지, 아니면 도리어 무기력과 광기에 의해 폭압 또는 굴종의 취기 속에서 본래의 고귀함을 잊어버리고 있는지 판단해야만 할 것이다.

그에 앞서 세계의 부조리와 표면적 불모성에 젖은 성찰로 하여금, 반항의 정신이 실행하게 만드는 첫 번째 진전은 바로 이것이다. 부조리의 체험 속에서 고통은 개인적인 것이다. 그러나 반항의 움직임에서부터 고통은 집단적인 것이라는 의식을 갖게 된다. 그것은 모두의 모험인 것이다. 기이함에 사로잡힌 정신의 첫 번째 진전은 따라서 이 정신이 그 기이함을 모든 인간과 공유하며, 인간적 현실은 그 총체에 있어서 자기와의 거리, 세계와의 거리로 인해 고통받는다는 점을 알게 되는 것이다. 단 한 사람이 겪던 악이 이제 집단적 페스트가 된다. 우리의 몫인 일상적 시련 속에서 반항은 사유의 영역의 '코기토'와 같은 역할을 한다. 반항은 첫 번째 자명함인 것이다. 한데 이 자명함은 개인을 그의 고독으로부터 끌어낸다. 그것은 모든 인간들 위로 첫 번째 가치를 수립하는 공통의 장소인 까닭이다. 나는 반항한다, 고로 우리는 존재한다.

— 『반항인』

정오의 사유

공통의 비참 속에서 오랜 요청이 다시 태어난다. 자연이 역사 앞에서 다시 몸을 일으켜 세운다. 물론 무엇을 경멸하거나 다른 문명에 반해 어떤 문명을 찬양하려는 게 아니다. 관건은 다만 오늘의 세계가 더 오래 방치할 수 없는 하나의 사유가 있음을 말하려는 것이다. 확실히 러시아 국민에게는 유럽에 희생의 힘을 제시할 수 있는 무엇인가가 있고, 미국에게는 건설에 필요한 역량이 있다. 그러나 세계의 젊음은 언제나 같은 해안 둘레에서 발견된다. 가장 오만한 종족이 아름다움과 우정이 결여된 채로 죽어가고 있는 추악한 유럽에 우리 지중해인들은 던져졌고, 그런 우리는 언제나 같은 빛으로 산다. 유럽의 밤 한복판에서 태양의 사유가, 이중의 얼굴을 지닌 문명이, 새벽을 기다린다. 그것은 벌써 진정한 제어의 길을 비추고 있다.

진정한 제어는 시대의 편견, 그 가운데에서도 과도(過度)에서 벗어난 인간은 가난한 예지로 귀착되어야 한다고 생각하는 가장 뿌리 깊고 가장 불행한 편견을 가려낼 줄 아는 데 있다. 과도가 니체의 광기를 값으로 치르면 일종의 성스러움일 수 있다는 말은 진실이다. 그러나 우리 문화의 무대 위로 얼굴을 드러내는 영혼의 술 취한 듯한 행태, 이것은 여전히 과도의 현기증, 또는 단 한 번만이라도 거기 몸을 던져본 사람이라면 그 뜨거운 상처로부터 결코 벗어나지 못하는 불가능의 광기인가? 프로메테우스가 노예 또는 검찰관의 저 얼굴을 지닌 적이 있는가? 아니다. 우리 문명은 비겁하거나 증오에 찬 영혼들의 영합 가운데, 늙은 아이들의 허영 가득한 바람 속에서 그저 연명하고 있을 따름이다. 신과 함께 사탄도 죽었다. 한데 그의 유골에서 자기가 어디를 헤매고 있는지조차 알지 못하는 쩨쩨한 악마가 나타났다. 1950년에 과도는 언제나처럼 안락이고 때로 길이기도 하다. 절도는 그와 반대로 하나의 순수한 긴장이다. 절도는 분명히 미소 짓고 있는데, 고단한 묵시록들에 골몰한 우리 광신자들은 미소 짓는다는 이유로 절도를 경멸한다. 그러나 이 미소는 끝없는 노력의 정점에서 빛난다. 그것은 일종의 보충된 힘이다. 우리에게 인색한 얼굴을 내보이는 왜소한 유럽인들에게 더 이상 미소 지을 힘이 남아 있지 않다면, 어째서 그들은 우월함의 예시로서 절망적 경련을 제시하겠다고 하는 걸까?

진정한 과도의 광기는 죽거나 아니면 스스로의 절도를 만들어 낸다. 그것은 스스로를 위한 알리바이를 만들어 내고자 다른 사람들을 죽게 하지 않는다. 최고조에 달한 찢는 듯한 고통 속에서 그것은 자기 한계를 발견하며, 필요하다면 거기서 마치 칼리아예프처럼• 스스로를 희생한

• 카뮈의 희곡 『정의의 사람들(Les Justes)』(1949)의 주인공. 모스크바에서 활

다. 절도는 반항의 반대가 아니다. 그것은 절도인 반항으로서 반항을 주문하고 방어하며 역사와 역사의 무질서를 가로질러 반항을 재창조한다. 이러한 가치의 기원 자체가, 그것은 오로지 찢긴 것일 수밖에 없음을 우리에게 보증한다. 반항에서 태어난 절도는 반항을 통해서만 살 수 있다. 그것은 지성에 의해 끊임없이 유발되고 제어되는 하나의 항구적 갈등이다. 그것은 불가능도 심연도 제압하지 않는다. 그것은 이것들과 균형을 이룬다. 우리가 무엇을 하건, 과도는 언제나 인간의 마음속 고독이 있는 곳에서 자리를 차지할 것이다. 우리 모두는 우리 안에 우리의 감옥, 우리의 죄, 우리의 황폐를 갖고 있다. 우리의 책무는 이것들을 세상에 풀어놓는 것이 아니다. 우리의 책무는 우리 안에서, 다른 사람들 안에서, 그것들에 맞서 싸우는 것이다. 오늘날에도 여전히 이 싸움의 근본에는 반항이, 또는 바레스가• 말하는 순순히 감수하지 않겠다는 해묵은 의지가 있다. 형태의 어머니이자 진정한 생명의 근원인 반항은 형태 없이 사납기만 한 역사의 움직임 속에서 우리를 언제나 설 수 있게 해준다.

—『*반항인*』

동하는 사회당 계열 테러리스트 그룹의 일원으로, 세르게이 대공을 암살한다.

• 모리스 바레스(Maurice Barrès, 1862~1923)는 프랑스의 작가로, 두 세계대전 사이의 기간 동안 우파를 대표하는 지식인이었다. 아카데미 회원이었으며, 하원의원으로 정치활동을 하기도 했다.

허무주의를 넘어서

반항은 그렇게 반항이 삶의 운동 자체이며 살기를 포기하지 않고서는 반항을 부인할 수 없음을 입증한다. 가장 순수한 반항의 외침은 매번 한 존재가 일어서게 한다. 반항은 따라서 사랑이자 풍요이고 그렇지 않으면 아무것도 아니다. 명예를 모르는 혁명, 말하자면 육체적 인간보다 추상적 인간을 선호하면서 필요할 때면 언제든 존재를 부정하는 타산적 혁명은 사랑의 자리에 원한을 둔다. 관대한 근원을 망각한 반항이 원한에 전염되면 그것은 곧장 삶을 부정하며 파괴로 달려가, 오늘날 유럽의 모든 시장에서 갖은 굴종에 결국 스스로를 내던지고야 마는 왜소한 반역자들, 곧 노예 종자(種子)들의 조소하는 무리가 발호하게 한다. 그것은 더 이상 반항도 혁명도 아니고, 그저 앙심이고 폭압일 뿐이다. 그리하여 혁명이 힘과 역사의 이름으로 살인과 과도의 기계가 될 때, 새로운 반항은 절도와 삶의 이름으로 성스러운 것이 된다. 우리는 이와 같은 극단에 와 있다. 이 어둠의 끝에서는 그러나 하나의 빛이 불가피한 것으로 떠오른다. 우리는 벌써 그것을 짐작하고 있으며 그것이 우리 앞에 있도록 다만 투쟁해야만 한다. 허무주의를 넘어 우리 모두는 폐허 가운데 하나의 르네상스를[•] 준비하고 있다. 한데 이를 아는 이들은 별로 없다.

그리고 벌써, 실제로, 반항은 모든 것을 해결한다고 자신하지는 않지만 적어도 정면으로 대처할 수 있다. 이 순간 이후 정오의 빛이 역사의 움직임 위로 흘러내린다. 삼킬 듯한 저 화염 덩어리 둘레로 어둠의 싸움이 한순간 발버둥 치다가 사라지면, 장님들이 눈꺼풀을 더듬으면서 이것이 역사라고 외친다. 어둠에 던져진 유럽인들은 빛나는 부동점으로부터 고개를 돌리고 만다. 그들은 미래를 위해 현재를, 연기처럼 사라지는 힘을 위해 손에 잡힌 존재들을, 빛나는 시테를[••] 위해 비참한 변두리를, 덧없는 약속의 땅을 위해 일상의 정의를 망각한다. 그들은 사람들의 자유에 절망하며 인류의 기이한 자유를 꿈꾼다. 고독한 죽음을 거부하며 터무니없는 집단적 단말마를 영생이라고 부른다. 그들은 이제 더 이상 존재하는 것, 세계, 그리고 살아 있는 인간을 믿지 않는다. 유럽의 비밀은, 그들이 이제는 삶을 사랑하지 않는다는 것이다. 그 장님들은 유치하게도 단 하루만의 삶을 사랑하는 것은 여러 세기의 억압을 정당화하는 것이라고 생각했다. 바로 이러한 이유로 그들은 세계의 그림에서 기쁨을 지운 뒤 그것을 나중으로 미루고자 했다. 한계들을 부정하는 조바심,

---

• 주지하는 바와 같이, 프랑스어 '르네상스(renaissance)'는 '재생'을 뜻한다.

•• '빛나는 시테'로 옮긴 'Cité radieuse'는 원래 기능주의를 대표하는 건축가인 르코르뷔지에가 마르세유에 건축한 대규모 공동주택의 이름이다.

이중적 존재로서의 스스로에 대한 거부, 인간이라는 사실에 대한 절망은 그들을 마침내 비인간적 과도 속에 처넣었다. 적절한 크기의 삶을 부정하는 그들로서는 스스로의 우월함에 승부를 걸어야만 했다. 어쩔 도리 없이 그들은 스스로를 신격화했고, 그들의 불행이 시작되었다. 그 신들은 눈을 파낸 까닭이다. 칼리아에프와 그의 온 세상 형제들은 오히려 신격을 거부한다. 그들은 죽이는 무제한의 힘을 배척하기 때문이다. 그들은 오늘날 유일하게 독창적인 규범을 선택하여 본보기로 제시한다. 그것은 살고 죽는 법을 배우는 것, 그리고 인간이기 위해 신이 되기를 거부하는 것이다.

사유의 정오에, 반항하는 인간은 그렇듯 신격을 거부하고 공통의 투쟁과 운명을 나눈다. 우리는 이타카를,• 다시 말해 충성스러운 땅, 대담하고 소박한 사유, 명철한 행동, 아는 인간의 관대함을 선택할 것이다. 빛 속에서 세계는 우리의 처음이자 마지막 사랑으로 남는다. 우리 형제들은 우리와 같은 하늘 아래에서 숨 쉬고 정의는 살아 있다. 이럴 때 살고 죽는 것을 도와주며, 이제 우리가 나중으로 미루길 거부하는 기이한 기쁨이 태어난다. 고통스러운 대지 위에서 이 기쁨은 지칠 줄 모르는 가

• 이타카는 그리스 서쪽 바다에 위치한 섬이다. 호메로스의 서사시 『오뒷세이아』에서 이타카의 왕인 오뒷세우스, 또는 로마식으로 율리시스는 트로이 전쟁에 참전했다가 무려 십이 년 동안 지중해를 편력한 끝에 마침내 아내가 기다리는 이타카로 돌아간다. 먼 길을 오래 돌고 돌아 마침내 되찾는 본향의 영원한 상징이라고 할 이타카는 카뮈에게 각별한 의미를 갖는다.

라지,* 쓰라린 양식, 바다에서 온 모진 바람, 그리고 오래고 새로운 새벽이다. 이 기쁨과 함께 우리는 싸움들을 이어가며 이 시대의 영혼과, 아무것도 배제하지 않는 유럽을 다시 만들 것이다. 이 유럽은, 발작 이후 십이 년 동안 서양이 가장 드높은 의식과 허무주의의 벼락 맞은 이미지로서 찾곤 했던 저 유령, 곧 니체도, 그리고 착오로 인해 하이게이트 묘지의 무신앙자 구역에 잠들어 있는 가차 없는 정의의 예언자도,** 또한 유리로 된 관 속에 누워 있는 행동하는 인간의 신격화된 미이라도,*** 그리고 또 유럽의 지성과 에너지가 비참한 시대의 오만에 쉼 없이 제공했던 모든 것 가운데 아무것도 배제하지 않을 것이다. 이 모두는 실제로 1905년의 희생자들**** 곁에서 다시 살아날 수 있다. 하지만 조건이 있으니, 그것은 그들이 서로를 교정해 줄 수 있고, 빛 속의 어떤 한계가 그들 모두를 멈춰 세울 수 있어야만 한다는 사실을 이해하는 것이다. 각자 옆 사람에게 당신은 신이 아니라고 말해주고, 여기서 낭만주의는 완료된다. 스스로

---

* 가라지는 『마태복음』에서 악인을 비유하는 데 사용된 식물인데, 여기서는 신격을 거부하며 철저히 인간성에 충실하고자 하는 카뮈적 인간이 누리는 지상의 기쁨을 나타낸다.

** 카를 마르크스를 가리킨다. 하이게이트 묘지는 런던에 있다.

*** 레닌을 가리킨다.

**** 1905년 상트페테르스부르크에서 일어난 '피의 일요일 사건'(차르의 군대가 시위대에게 발포하면서 비롯되었다)으로부터 시작되어 러시아 전역으로 확산된 혁명. 카뮈는 여기서 혁명의 대의를 위해 인간의 존엄성과 자유를 침해하는 태도를 비판하고 있다.

의 진가를 발휘하기 위해, 또는 역사 속에서 역사를 거스르며 스스로 이미 소유하고 있는 것, 곧 자기 밭의 빈약한 수확과 이 땅의 짧은 사랑을 쟁취하기 위해, 우리 각자가 활을 당겨야만 하는 이 시간, 마침내 한 인간이 태어나는 이 시간, 시대와 그것의 젊은 열정을 떠나야만 한다. 활이 뒤틀리며 나무가 비명을 지른다. 가장 드높은 긴장의 정점에서 튀어나간 곧은 화살은 가장 단단하고 가장 자유로운 선을 그리며 날아갈 것이다.

—『반항인』

아몬드 나무

"세상에서 내가 가장 감탄하는 게 무엇인지 아십니까?" 하며 나폴레옹이 퐁탄에게• 말했다. "그것은 힘은 아무것도 세울 수 없다는 사실입니다. 세상에는 두 가지 역량, 곧 칼과 정신만이 있어요. 결국 칼은 항상 정신에게 패하고 말지요."

보다시피, 정복자들은 이따금 우울하다. 헛된 영광에 대하여 얼마간의 대가를 치러야 하는 것이다. 하지만 백 년 전에 칼에 대하여 정답이었던 것은 오늘날 탱크에 대하여 같은 정도로 정답이 아니다. 정복자들이 우위를 차지하면서 정신이 결여되고 음울한 침묵이 지배하는 장소들이 찢긴 유럽에 수년 동안 자리를 틀고 앉은 까닭이다. 끔찍한 플랑드르 전쟁•• 당시 네덜란드 화가들은 닭장의 수탉들을 그릴 수 있었다. 마찬가

• 루이 드 퐁탄(Louis de Fontanesm, 1757~1821)은 프랑스의 시인, 작가이자 정치인이다.

•• 프랑스와 플랑드르 백국(白國) 간에 있었던 전쟁으로, 1297년에 시작하여

지로 사람들은 백년전쟁 또한 잊을 수 있었다. 하지만 질레지우스• 신비주의자들의 기도는 아직도 여전히 몇몇 사람들의 마음속에 살아 있다. 오늘날 세상은 바뀌어서 화가와 승려도 징집 대상이다. 우리는 이 세계에 결속되어 있는 것이다. 정신은, 한 정복자가 인정할 줄 알았던 왕의 것과도 같은 자신감을 잃어버렸다. 이제 힘을 통제할 수 없는 정신은 힘을 저주하느라 진을 뺀다.

착한 사람들은 이것이 좋지 못한 일이라고 말한다. 이것이 과연 좋지 못한 일인지 우리로서는 알지 못한다. 다만 이것이 있음은 안다. 결론은 이것에 대응하여 조처를 취해야만 한다는 것이다. 그렇다면 우리가 무엇을 원하는지 아는 것으로 충분하다. 우리가 원하는 것, 그것은 이제 칼 앞에서 결코 고개 숙이지 않는 것, 이제 정신에 봉사하지 않는 힘을 결코 인정하지 않는 것이다.

이는 사실 끝이 없는 책무이다. 하지만 우리는 이 책무를 계속하기 위해 여기 있다. 나는 진보에, 그 어떤 역사철학에 동의할 정도로 이성을 믿지는 않는다. 하지만 적어도 스스로의 운명에 대하여 갖는 의식에서만큼 인간은 앞으로 나아감을 그친 적이 결코 없다고 나는 믿는다. 우리

1305년 프랑스의 승리로 끝났다. 플랑드르는 독립을 인정받는 대신 릴, 두에, 베튄 등의 도시를 프랑스에 양도했다.

• 안겔루스 질레지우스(Angelus Silesius, 1624~1677)는 독일 출신의 시인, 의사, 신학자, 사제, 신비주의자이다.

는 우리의 인간 조건을 극복하지 못했다. 하지만 우리는 그것을 더 잘 안다. 우리는 우리가 모순 속에 있음을 알되 그 모순을 거부하며, 그것을 줄이는 데 필요한 일을 해야 한다는 사실 역시 안다. 인간으로서 우리가 해야 할 일은 자유로운 영혼들의 끝없는 고뇌를 진정시켜 줄 몇 가지 방책을 찾아내는 것이다. 우리는 찢어진 것을 꿰매고, 그토록 명확하게 부당한 세계에서 정의를 상상할 수 있게 하며, 세기의 불행에 중독된 사람들에게 행복이 의미 있는 것이 되도록 해야만 한다. 물론 이것은 초인적인 책무이다. 하지만 초인적인 책무란 인간이 그것을 완수하는 데 오랜 시간이 걸리는 일일 뿐이다. 그게 전부다.

그러니 우리가 원하는 것을 알고, 정신에 굳건히 머물러 있도록 하자. 힘이 우리를 유혹하기 위하여 하나의 관념 또는 안위의 얼굴을 취한다고 해도 말이다. 첫 번째로 할 일은 절망하지 않는 것이다. 세상의 종말을 외치는 이들의 말을 너무 귀담아듣지 말자. 문명은 그리 쉽게 죽지 않는다. 설사 세상이 무너진다고 해도, 그것은 다른 일들 다음이다. 우리가 비극적인 시대를 살고 있는 것은 사실이다. 하지만 너무나도 많은 사람들이 비극과 절망을 혼동한다. "비극이란 불행에 가하는 하나의 커다란 발길질 같은 것"이라고 로런스는• 말했다. 이 말이야말로 건강하고

• D. H. 로런스(David Herbert Lawrence, 1885~1930)는 영국의 작가로, 대표 작품으로 『아들과 연인』(1913), 『무지개』(1915), 『채털리 부인의 연인』(1928) 등의 소설이 있다.

또 즉각 적용할 수 있는 하나의 생각이 아닐 수 없다. 오늘날 많은 것이 이 발길질을 당해 마땅하다.

알제에 살 때, 나는 겨울이면 언제나 인내하며 기다렸다. 하룻밤 만에, 이월의 차갑고 맑은 단 하룻밤 만에, 콩쉴 계곡의 아몬드 나무들이 흰 꽃으로 뒤덮일 것을 잘 알고 있었기 때문이다. 그런 다음에는 그 연약한 눈(雪)이 온갖 비와 바닷바람에도 버텨내는 것을 보고 경탄했다. 매년 그 눈은 그렇게 버텨냈고, 이는 열매를 준비하기 위해 꼭 필요한 일이었다.

이것은 상징이 아니다. 우리는 상징을 가지고 행복을 얻어낼 수 없을 것이다. 거기에는 더 많은 진지함이 필요하다. 다만 내가 말하고 싶은 것은, 지금도 여전히 불행으로 가득 차 있는 이 유럽에서 삶의 두께가 너무나도 무거워질 때, 아직도 그토록 많은 힘이 고스란히 남아 있는 저 찬란한 고장을 향해 나는 이따금 고개를 돌린다는 사실이다. 나는 그 고장을 너무나도 잘 알기에 그것이 관조와 용기가 균형을 이루는 선택받은 땅임을 모를 수가 없다. 본보기가 되는 그 고장에 대한 명상은 그리하여, 정신을 구하고자 한다면 정신의 탄식하는 미덕은 무시하되 정신의 힘과 매력을 고양해야 한다는 점을 나에게 가르쳐 준다. 이 세계는 불행에 중독되어 있으며 그러한 상황을 즐기는 듯 보인다. 그것은 니체가 무거움의 정신이라고 불렀던 바로 그 악에 온통 내맡겨져 있는 것이다. 여기에 손을 빌려주지는 말자. 정신을 위해 눈물을 흘리는 것은 부질없는 일이다. 정신을 위해서는 일하는 것으로 족하다.

그러나 정신의 정복하는 미덕들은 어디에 있는가? 니체는 이 미덕들을 무거움의 정신의 치명적인 적으로 간주했다. 그가 보기에 그것들은 성격의 힘, 취향, '세계', 고전적인 행복, 견고한 자부심, 현자의 냉철한 소박함이다. 이 미덕들은 그 어느 때보다 더 요긴하고, 우리는 각자 자기에게 맞는 것을 고를 수 있다. 이미 시작된 거대한 승부 앞에서 어쨌거나 성격의 힘을 잊지 말기를. 선거유세 연단들에서 보게 되는 찌푸린 눈썹이나 위협을 동원하는 성격의 힘을 말하는 게 아니다. 흰빛과 수액의 미덕으로 온갖 바닷바람에 저항하는 성격의 힘에 대하여 나는 말하고 있다. 세상의 겨울 속에서 열매를 준비하는 것은 바로 그것이다.

—『여름』

과거가 없는 도시들을 위한 작은 안내서

알제의 부드러움은 오히려 이탈리아적이다. 오랑의 잔인하게 작열하는 빛은 스페인적인 무엇을 갖고 있다. 뤼멜 협곡 위 바위에 걸터앉은 콩스탕틴은 톨레도를 생각하게 한다. 하지만 스페인과 이탈리아는 기억과 예술 작품과 귀감이 될 만한 유적들로 넘쳐난다. 톨레도는 엘 그레코와 바레스를* 갖고 있다. 내가 말하려는 도시들은 과거가 없는 도시들이다. 그것들은 따라서 빠져들 것도, 애틋함을 느낄 것도 없는 도시들이다. 권태로운 시간, 곧 낮잠 시간이면 그곳의 슬픔은 가차 없는 것이어서 우울 따위는 발붙일 데가 없다. 아침 빛이나, 밤이 주는 천연의 사치 속에서, 기쁨은 부드러움을 알지 못한다. 이 도시들은 성찰에는 아무것도 주지 않되 열정에는 모든 것을 준다. 그것들은 지혜를 위해서도 취향의 여러 뉘앙스를 위해서도 만들어지지 않았다. 바레스나 그와 비슷한 이들은 거기서 무기력을 느낄 것이다.

---

* 모리스 바레스(Maurice Barrès, 1862~1923)는 『엘 그레코 또는 톨레도의 비밀』(1911)이라는 에세이를 썼다.

열정(다른 사람들에 대한 열정)을 찾는 여행자, 너무 예민한 지성, 심미가, 그리고 신혼부부는 알제리 여행에서 아무것도 얻을 게 없다. 절대적 소명 때문이 아니라면, 그리로 영구히 은퇴하여 살라고 아무에게도 권할 수 없다. 가끔 파리에서 내가 높이 평가하는 사람들이 나에게 알제리에 대하여 물을 때 나는 소리치고 싶은 마음이 인다. "가지 마세요." 이 농담은 나름의 진실을 갖고 있을 터이다. 그들이 기대하되 얻지 못할 것임을 나는 잘 아는 까닭이다. 나는 동시에 그 고장의 매력과 은밀한 힘, 거기 지체하는 이들을 잡아두고 움직이지 못하게 하며 먼저 질문을 박탈하고 결국에는 매일의 삶 속에 잠들어 버리게 하는 방식을 안다. 그토록 찬란하여 검은빛과 흰빛이 되는 그 빛의 계시는 우선 숨 막히게 하는 어떤 것을 갖고 있다. 사람들은 거기에 빠져들어 정착한다. 하지만 너무나도 긴 그 찬란함이 영혼에 아무것도 주지 않으며 오로지 과도한 환희일 뿐이라는 사실을 알아차린다. 정신으로 돌아오고자 한다. 그러나 이 고장의 사람들은—여기에 그들의 힘이 있는데—정신보다 가슴을 더 많이 갖고 있는 듯하다. 그들은 당신의 친구(그런데 어떤 친구!)가 될 수 있다. 하지만 당신의 속내 이야기를 들어주지는 않을 것이다. 그토록 막대한 영혼의 소비가 이루어지며 속내 이야기의 물이 분수들과 조상(彫像)들과 정원들 사이로 작은 소리를 내며 하염없이 흐르는 파리에서라면 그것은 아마도 두려운 어떤 것으로 여겨질 것이다.

그 땅이 가장 닮은 곳은 스페인이다. 그러나 전통 없는 스페인은 하나의 멋진 사막에 불과할 것이다. 우연한 탄생에 의해 그곳에 있게 된 게 아니라면, 사막으로 영구히 은퇴하는 것을 생각할 수 있는 사람들은 어떤 하나의 종족밖에 없다. 이러한 사막에서 태어난 나는 어찌 되었든 그에 대하여 방문객처럼 말하는 것을 생각할 수 없다. 몹시 사랑하는 여인의 매력을 두고 목록을 작성하겠는가? 아니다. 감히 말한다면, 특히 좋아하는 뾰로통한 표정이라든가, 머리를 흔드는 방식에 관계된 한두 가지의 구체적 애틋함과 함께, 그녀를 통틀어서 사랑하는 것이다. 알제리와 더불어 나는 그렇듯 결코 끝나지 않을 것임을 의심할 수 없는 관계, 내가 그에 대하여 완전한 통찰을 갖지 못하게 만드는 오랜 관계를 맺어왔다. 하지만 노력을 통해 일종의 추상 속에서 사랑하는 사람에게서 사랑하는 것의 디테일을 분별해 낼 수는 있을 것이다. 학교에서 하는 것과도 같은 이 수행, 바로 그것이 알제리와 관련하여 내가 여기서 시도해 보려는 것이다.

먼저 그곳의 젊은이들은 아름답다. 아랍인들이 물론 있고, 다른 종족들도 존재한다. 알제리 프랑스인은 예기치 못한 혼합으로 이룩된 잡종이다. 스페인, 알사스, 이탈리아, 몰타 사람들과 유태인, 그리스인이 거기서 만났다. 이 거친 교차는 미국에서처럼 다행스러운 결과를 낳았다. 알제를 거닐다가 여자와 청년들의 손목을 보고 파리 지하철에서 마주치는 이들을 생각해 보라.

아직 젊은 여행자는 그곳 여자들이 아름답다는 것을 알게 될 것이다. 그것을 눈치채기에 가장 좋은 장소는 알제의 미슐레가(街)에 있는 대학카페의 테라스이다. 단, 이를 위해서는 사월의 어느 일요일 아침에 거기 있어야만 한다. 그곳에서는 강렬한 색깔의 가벼운 천으로 된 옷을 입고 샌들을 신은 젊은 여자들 무리가 길을 올라가고 내려간다. 우리는 그들을 거리낌 없이 쳐다볼 수 있는 것이, 바로 이것을 위해 그들은 거기 온 까닭이다. 오랑에서는 갈리에니로(路)의 '생트라' 바가 좋은 전망대 구실을 해준다. 콩스탕틴에서는 야외 음악당 주위를 아무 때고 거닐면 된다. 하지만 바다가 수백 킬로미터 밖에 있는지라, 거기서 마주치는 피조물들에게는 무엇인가가 부족하다. 일반적으로, 그리고 지리적 위치 때문에 콩스탕틴은 즐거움이 적다. 그러나 권태의 질은 한결 섬세하다.

여행자가 여름에 도착하면 제일 먼저 해야 할 일은 물론 도시들을 둘러싼 해변으로 가는 것이다. 그는 거기서 같은 젊은이들을 보게 될 텐데, 이들은 옷을 덜 걸친 만큼 더욱더 눈부시다. 태양은 그들에게 몸집 큰 동물의 졸린 눈을 준다. 이 점에서는 오랑의 해변이 가장 아름답다. 자연과 여자들이 더 야성적이기 때문이다.

그림 같은 풍경으로서, 알제는 아랍 도시를, 오랑은 흑인 마을과 스페인 동네를, 콩스탕틴은 유태인 동네를 제공한다. 알제는 바닷가를 따라 목걸이처럼 휘돌아 가는 긴 대로를 갖고 있으니, 밤에 그곳을 거닐어 보아야만 한다. 오랑에는 나무가 별로 없지만, 그 대신에 세상에서 가장 아름다운 돌들을 갖고 있다. 콩스탕틴에는 현수교가 있어서, 사람들이 거기서 사진을 찍는다. 큰 바람이 부는 날에는 깊은 뤼멜 협곡 위로 다리가 일렁이는지라, 사람들이 위험을 느끼기도 한다.

만약 민감한 여행자가 알제에 간다면, 항구의 궁륭 아래에서 아니스 술을 마시고, 아침에는 페슈리에서* 금방 잡아 숯불 화덕에 구운 생선을 먹으라고, 리르가에 있는 이름을 잊어버린 작은 카페에 가서 아랍 음악을 들으라고, 오후 여섯 시에 구베른망 광장의 오를레앙 공작 조상 발치

땅바닥에(공작 때문이 아니라 그리로 사람들이 지나가고 거기 있으면 좋기 때문에) 앉아보라고, 일종의 무도장으로서 바닷가 필로티 위에 있으며 언제나 삶이 수월하기만 한 파도바니 레스토랑에 가서 점심을 먹으라고, 아랍 묘지들을 방문하여 우선 거기서 평화와 아름다움을 만난 뒤 우리가 망자들을 치우는 우리의 천박한 묘지들을 있는 그대로 평가해 보라고, 그리고 마지막으로 카스바의 부셰가에•• 가 사방에서 피가 뚝뚝 떨어지는 피투성이 비장, 간, 장간막, 허파 한중간에서 담배를 피우라고(중세 시대 한복판에 와 있는 듯한 그곳은 냄새가 어찌나 심한지 담배는 필수다) 나는 권하고 싶다.

그 밖에도 오랑에 있으면 알제에 대하여 나쁘게 말하고[오랑항(港)의 상업적 우월을 강조할 것], 알제에 있으면 오랑을 비웃으며(오랑 사람들은 '인생 살 줄 모른다'는 생각을 기탄없이 수긍할 것), 어쨌거나 프랑스 본국에 대한 알제리의 우월을••• 겸손하게 인정할 줄 알아야 한다. 이렇듯 양보를 하고 나면, 알제리인이 프랑스인에 대하여 갖고 있는 실질적 우월, 다시 말해 알제리인의 무한한 관대함과 자연스러운 환대를 깨달을 기회를 갖게 될 것이다.

• 프랑스어로 '어장', '낚시터'를 뜻하는 '페슈리'는 알제 바닷가에 위치한 구역 이름이기도 하다.

•• '카스바'는 알제의 구역이고, '부셰'는 '푸주한'을 뜻한다.

••• 이 글이 발표된 1947년에 알제리는 프랑스의 식민지였다.

내가 모든 아이러니를 멈추는 것은 아마도 이 지점이다. 결국, 사랑하는 것에 대하여 말하는 최선의 방식은 가볍게 말하는 것이다. 알제리와 관련하여 나는 늘, 내 안에서 알제리와 통하며 내가 그것의 맹목적이고도 진지한 노래를 잘 알고 있는 내면의 현(絃)을 너무 강하게 튕기지나 않을까 겁을 내곤 한다. 하지만 적어도 알제리는 나의 진정한 조국이며, 세상 어느 곳에서 마주하든 나를 어김없이 사로잡는 우애의 웃음에서 그 아들들과 나의 형제들을 알아본다는 사실만큼은 분명히 말할 수 있다. 그렇다. 알제리의 도시들에서 내가 사랑하는 것은 그곳에 사는 사람들과 분리될 수 없다. 그리고 바로 이러한 이유로 사무실과 집들이 아직 어스름한 길들로 왁자지껄 떠드는 군중을 쏟아내는 저녁 시간에 거기 있기를 선호한다. 사람들은 바다에 면한 대로까지 흘러가서 마침내 잠잠해지기 시작하고, 어느덧 밤이 오면서 하늘의 빛과 만의 등대 불빛들과 도시의 램프들이 분간되지 않는 동일한 박동 가운데 차츰차츰 합류한다. 한 종족 전체가 그렇듯 물가에서 깊은 생각에 잠기고, 군중으로부터 무수한 고독이 솟아오른다. 아프리카의 위대한 밤, 추방된 왕, 고독한 여행자를 기다리는 절망적 고양이 바야흐로 시작된다…….

정말로 아니다. 당신의 가슴이 미지근하다면, 당신의 영혼이 가난하다면, 거기에는 가지 마라! 그러나 예와 아니오, 정오와 자정, 반항과 사랑의 찢기는 듯한 갈등을 아는 이들이라면, 요컨대 바다 앞의 장작더미를 좋아하는 이들이라면, 거기에는 그들을 기다리는 불꽃이 있다.

—『여름』

헬레네의 추방

지중해는 안개의 비극이 아닌 태양의 비극을 갖고 있다. 어떤 저녁 산들의 발치에서 완벽한 곡선을 그리고 있는 작은 만의 바다 위로 어둠이 내리면, 뒤이어 고요한 물로부터 고뇌에 찬 충만이 오른다. 이러한 장소에서는, 만약 그리스인들이 절망에 도달했다면, 그것은 언제나 아름다움과, 아름다움이 가진 견디기 힘듦을 통해서였다는 사실을 이해할 수 있다. 이 황금빛 불행 속에서는 비극이 정점으로 치닫는다. 우리 시대는 오히려 추악과 발작 속에서 자신의 절망을 길렀다. 바로 그렇기 때문에 유럽은 비열할 것이다. 고통이 비열할 수 있다면 말이다.

우리가 아름다움을 추방했다면, 그리스인들은 아름다움을 위해 구기를 들었다. 이것이 첫 번째 차이이니, 이 차이는 멀리서 오는 것이다. 그리스적 사유는 언제나 한계의 관념을 방패로 삼았다. 그것은 성스러움도 이성도 아무것도 끝까지 밀고 나가지 않았는데, 성스러움도 이성도 아무것도 부정하지 않았기 때문이다. 그리스적 사유는 어둠과 빛의 균형을 찾으며 모든 것을 고려했다. 그와 반대로 전체의 정복에 뛰어든 우리 유럽은 과도(過度)의 딸이다. 유럽은 유럽이 고양하지 않는 모든 것을 부정하는 것처럼 아름다움을 부정한다. 비록 다양한 방식을 따르기는 하지만 유럽은 오직 하나만을 고양하니, 그것은 앞으로 올 이성의 제국이다. 유럽은 광기 속에서 영원한 한계를 뒤로 물러나게 하고, 그 즉시 어두운 에리뉘에스들이• 유럽에게로 덮쳐들어 그것을 갈가리 찢는다. 복수의 여신이 아니라 절도의 여신인 네메시스가 지키고 있다. 누구든 한계를 넘으면 여신이 가차 없이 벌을 내린다.

수 세기 동안 의로움에 대하여 질문했던 그리스인들은 정의에 대한 우리의 생각을 도대체 이해할 수 없을 것이다. 그들에게 공정은 한계를 전제로 한 것이었다. 우리 대륙 전체는 전체적이길 바라는 정의를 찾고 있는데 말이다. 그리스적 사유의 여명기에 헤라클레이토스는•• 벌써 정의라고 하는 것은 물질적 세계 자체에 경계를 둔다는 점을 생각했다. "태양은 자기 경계를 벗어나지 않을 터이다. 그렇지 않으면 정의를 지키는 에리뉘에스들에게 발각되고 말 것이다."••• 우주와 정신의 궤도를 벗어난 우리는 이러한 위협에 대하여 코웃음을 친다. 우리는 취해버린 하늘에 우리가 바라는 태양들을 밝힌다. 하지만 경계가 존재하고 우리가 그 사실을 안다는 점은 바뀌지 않는다. 극도의 광분 속에서 우리는 우리가 뒤에 두고 왔고, 순진하게도 우리가 잘못을 할 만큼 한 다음에는 얼마

• 그리스 신화에 나오는 복수의 여신들로 세 명이다.

•• 헤라클레이토스(기원전 544-541~480)

••• [원주] Y. 바티스티니의 번역

든지 되찾을 수 있다고 자신하는 균형을 꿈꾼다. 철없는 억측이다. 이 억측은 우리의 광기를 상속한 철없는 사람들이 오늘날 우리 역사를 주도하는 상황을 정당화해 준다.

헤라클레이토스의 것으로 간주되는 단편(斷片)은 말한다. "억측, 진보의 퇴화." 에페소스 사람 이후 수 세기가 지난 뒤 사형선고에 직면한 소크라테스는, 그가 모르는 것을 안다고 생각할 수는 없다는 사실 이외에 다른 아무런 우월함도 자신에게서 발견할 수 없었다. 그 시대의 가장 모범적인 삶과 사유는 자부심 넘치는 무지의 고백으로 완성되었다. 한데 이것을 잊으면서 우리는 씩씩함을 잃어버렸다. 우리는 위대함을 흉내낸 역량, 다시 말해 알렉산더, 그리고 교과서 저자들이 비할 데 없는 영혼의 비천함을 발휘하여 우리에게 경탄하라고 가르치는 로마의 정복자들을 흉내 낸 역량을 선호했다. 그렇게 우리는 정복했고 경계를 옮겼으며 하늘과 땅을 지배했다. 우리의 이성은 공허를 만들었다. 결국 우리는 홀로 사막에서 우리 제국을 완성한다. 이런데 자연이 역사, 아름다움, 선에 균형을 부여하는 상위의 균형, 유혈 낭자한 비극에까지 수(數)의 음악을 도입하는 상위의 균형을 우리가 어떻게 상상할 수 있을까? 우리는 자연에 등을 돌리며 아름다움을 부끄러워한다. 우리의 한심한 비극들은 사무실 냄새를 풍기고, 거기 흐르는 피는 기름기 많은 잉크의 빛깔을 띠고 있다.

이와 같은 이유로 오늘날 우리가 그리스의 아들이라고 선언하는 것은 옳지 못한 일이다. 아니면 우리는 배신한 아들일지도 모르겠다. 역사를 신의 자리에 놓으면서 우리는 신정정치를 향해 행진한다. 그리스인들이 바르바로스라고• 불렀고, 살라미스 해전에서•• 죽음을 무릅쓰고 맞서 싸웠던 이들처럼 말이다. 우리의 차이를 제대로 포착하고자 한다면 우리 철학자들 가운데 플라톤의 진정한 적수인 사람에게 물어야 한다. 헤겔은 감히 쓴다. "현대 도시만이, 정신이 스스로를 의식할 수 있는 토양을 정신에게 제공해 준다." 우리는 대도시의 시대를 살고 있다. 고의에 의하여 세계는 자연, 바다, 언덕, 저녁의 명상 등, 그의 영속성을 이루는 것을 절단당했다. 이제는 거리에만 역사가 있을 뿐이므로 거리에만 의식이 있고, 이것이 절대적 명령이다. 그에 따라 가장 의미심장한 우리 시대의 작품들은 같은 입장을 증언한다. 도스토옙스키 이후 유럽의 위대한 문학에서 풍경을 찾아본들 헛수고이다. 역사는 그에 앞선 자연의 우주도, 그 위의 아름다움도 설명하지 않는다. 그것들을 무시하기로 선택했기 때문이다. 플라톤은 모든 것을, 다시 말해 비의미, 이성, 신화를 담았던 반면에, 우리 철학자들은 비의미와 이성 가운데 하나만을 담고 그 밖의 다른 아무것도 담지 않는다. 나머지에 대하여 눈을 감았기 때문이다. 두더지가 명상하는 꼴이다.

세상에 대한 관조를 영혼의 비극으로 대체하기 시작한 것은 기독교이

• 고대 그리스에서 'barbaros'는 그리스인이 아니어서 그 말을 알아들을 수 없는 '이방인'을 가리켰다.

•• 살라미스는 아티카해의 섬인바, 기원전 480년 인근 바다에서 그리스 함대와 페르시아 함대의 싸움이 있었다.

다. 하지만 적어도 기독교는 영적 본성을 참조했고, 이를 통해 어떤 불변성을 유지했다. 그러나 신이 죽자 역사와 역량만 남게 되었다. 오래전부터 우리 철학자들의 모든 노력은 인간 본성의 개념을 상황의 개념으로, 오래된 조화를 우연의 무질서한 비약이나 이성의 가차 없는 운동으로 교체하는 것만을 노렸다. 그리스인들이 의지에 이성의 경계를 설정했다면, 우리는 이성의 핵심에 마침내 의지의 비약을 놓았고, 그 결과 이성은 살인적인 것이 되었다. 그리스인들에게 가치는 모든 행위에 앞서 존재하며 그 한계를 정확히 표시했다. 현대의 철학자는 그의 가치들을 행위의 끝에 둔다. 그것들은 존재하는 게 아니라 생성 가운데 있다. 우리는 그것들의 전모를 역사가 완료된 다음에야 알 수 있을 것이다. 한데 이러한 가치들과 동시에 한계는 사라진다. 그리고 그 가치들이 어떤 것일지에 대한 생각들이 다르다 보니, 그리고 바로 그 가치들에 제동이 없는 까닭에 무한히 확장되지 않는 싸움이란 없다 보니, 오늘날 메시아주의들이 대립을 벌이는 가운데 그 아우성이 제국들의 충돌에 섞여든다. 헤라클레이토스에 따르면, 과도(過度)는 화재이다. 화재가 이기고, 니체는 추월당한다. 유럽은 이제 더 이상 망치로 철학하지 않고* 대포로 철학한다.

그러나 자연은 언제나 저기 있다. 그것은 인간의 광기에 자신의 고요한 하늘과 이성을 마주 세운다. 원자조차 불이 붙고 이성의 승리와 인류

---

* "망치로 철학한다"는 니체가 자신의 철학을 염두에 두고 사용한 표현이다.

의 임종 가운데 역사가 완료될 때까지. 그리스인들이 한계란 넘을 수 없는 것이라고 말한 적은 결코 없다. 한계란 존재하며, 감히 그것을 추월한 자는 가차 없이 벌을 받는다고 그들은 말했을 뿐이다. 오늘날 역사 속에서 그리스인들의 말을 반박할 수 있는 것은 아무것도 없다.

역사 정신과 예술가 둘 다 세계를 다시 만들고 싶어 한다. 한데 예술가는 자기 본성의 의무에 의해 스스로의 한계를 알지만, 역사 정신은 그것을 등한시한다. 그런 까닭에 후자의 목적이 독재인데 반해, 전자의 열정은 자유이다. 오늘날 자유를 위해 투쟁하는 모든 이들은 종국적으로 아름다움을 위해 싸운다. 물론 아름다움을 오로지 그 자체를 위해 지키자는 이야기가 아니다. 인간을 제외하고 아름다움을 말할 수는 없으며, 우리는 우리 시대를 그 불행 가운데 동반함으로써만 그것에 위대함과 평온함을 부여할 수 있을 터이다. 이제 우리는 결코 혼자가 아닐 것이다. 하지만 인간이 아름다움 없이 살 수 없다는 것은 엄연한 사실이되, 우리 시대는 그것을 무시하고 싶어 하는 척한다. 우리 시대는 절대와 제국에 도달하기 위해 안간힘을 쓰면서, 세계를 철저히 살피기도 전에 변모시키고, 이해하기도 전에 정리하려고 한다. 우리 시대가 무슨 말을 하든, 그것은 세계를 저버리고 있다. 율리시스는 칼립소 곁에 있을 때 불멸과 고향의 땅 가운데 하나를 선택할 수 있었다. 그는 땅을, 땅과 함께 죽음을 선택했다. 이토록 간단한 위대함은 오늘의 우리에게 낯선 것이다. 다른 사람들은 우리가 겸손함이 부족하다고 말할지도 모르겠다. 하지만 이 말은 어쨌거나 애매하다. 온갖 것을 자랑하며 하늘 높은 줄 모르고 올라갔다가 결국 아무 데나 사람들이 있는 장소에서 창피를 당하는 도스토엡스키의 어릿광대들처럼, 어쩌면 우리는 단지 스스로의 한계에 대한 충실이자 자기 조건에 대한 명철한 사랑에 다름 아닌 인간의 자부심이 부족한 것일지도 모르겠다.

"나는 나의 시대를 증오한다"라고, 우리가 말한 것과 크게 멀지 않은 이유로 생텍쥐페리는 죽기 전에 썼다. 그러나 인간을, 인간이 지닌 경탄할 만한 것 가운데 사랑했던 이에게서 오는 이 외침이 아무리 충격적이라 하더라도 우리는 그것을 우리 몫으로 취하지 않겠다. 하지만 어떤 때이 음울하고 앙상한 세계로부터 고개를 돌리고 싶은 유혹은 얼마나 강한가! 한데 이 시대는 우리 시대이고, 우리가 우리를 증오하면서 살 수는 없는 노릇이다. 우리 시대가 그토록 낮은 곳으로 떨어졌다면, 그것은 결점의 위대함만큼이나 미덕의 지나침 때문이다. 우리는 우리 시대의 미덕 가운데 멀리서 오는 것을 위해 싸울 것이다. 그것은 어떤 미덕인가? 파트로클로스의* 말들이 싸움에서 죽은 주인을 위해 눈물을 흘린다. 모든 게 끝났다. 그러나 우정이 살해당했으므로, 아킬레우스와 함께 전투는 다시 시작되어 승리로 끝난다. 우정은 하나의 미덕이다.

인정하는 무지, 광신의 거부, 세계와 인간의 경계, 사랑하는 얼굴, 그리고 마지막으로 아름다움. 바로 이러한 것들이 우리가 그리스인들과 합류하는 진영을 이룬다. 어떤 면에서 내일의 역사의 의미는 사람들이

* 트로이 전쟁에 참여했다가 헥토르에게 죽임을 당한 그리스의 전사. 아킬레우스와의 우정으로 유명하다.

생각하는 그것과 다를 수 있다. 내일의 역사의 의미는 창조와 종교재판 간의 투쟁 가운데 있기 때문이다. 예술가들이 빈손인 까닭에 치러야 할 대가에도 불구하고 그들의 승리를 희망해 볼 수 있다. 또 한 번 흑암의 철학은 눈부신 바다 위에서 흩어져 버리고 말 것이다. 오, 정오의 사유여, 트로이 전쟁이 벌어지는 것은 전장으로부터 멀리 떨어진 곳이다! 이번에도 현대 도시의 끔찍한 성벽은 무너져 "고요한 바다처럼 평온한 영혼",• 곧 헬레네의 아름다움을 내어줄 것이다.

—『여름』

• 아이스킬로스가 쓴 『오레스테이아』 3부작의 첫 작품 「아가멤논」에 나오는 구절

수수께끼

하늘 꼭대기에서 내려온 햇빛의 물결이 나의 주위 들판에서 거칠게 튀어 오른다. 이 부딪침 앞에서 모든 것은 입을 닫고, 저쪽 뤼베롱 산맥은 거대한 침묵 덩어리인지라 나는 그것에 쉼 없이 귀 기울인다. 귀를 세워 들어보면, 멀리서 사람들이 나를 향해 달려오고, 보이지 않는 친구들이 나를 부르며, 나의 기쁨은 커진다. 몇 해 전과 똑같은 기쁨이다. 또다시 내가 모든 것을 이해할 수 있도록 행복한 수수께끼가 나를 돕는다.

세계의 부조리는 어디에 있는가? 그것은 저 찬란한 햇빛인가, 아니면 햇빛의 부재에 대한 기억인가? 그토록 많은 햇빛을 기억에 담고 있으면서, 어떻게 내가 무의미에다가 내기를 걸 수 있었을까? 내 주위의 사람들이 놀란다. 나 또한 가끔 놀란다. 나는 사람들에게, 그리고 나에게 대답할 수 있으리라. 태양이 그때 나를 도왔고, 그 빛은 두께로써 우주와 우주의 형태들을 어두운 눈부심 속에 엉기게 하고 있다고. 그러나 이것을 달리 말할 수도 있을 텐데, 나로서는, 나에게 언제나 진리의 밝음이었던 저 희고 검은 밝음 앞에서, 내가 너무나도 잘 알기에 남들이 뉘앙스를 무시한 채 주워섬겨 대는 꼴을 참아낼 수 없는 그 부조리에 대하여 설명하고 싶을 따름이다. 부조리에 대하여 말하는 것은 결국 우리를 다시 한 번 태양으로 이끌 것이다.

[…]

모든 것이 무의미하다고 말하는 순간에 이미 의미 있는 무엇인가를 표현하고 있다. 세계에 일체의 의미작용 부여하기를 거부하는 것은 모든 가치 판단을 말소하는 것이나 마찬가지이다. 그러나 사는 것, 예컨대 음식을 섭취하는 것은 그 자체로서 하나의 가치 판단이다. 스스로를 죽게 내버려두지 않는 순간에 이미 지속하기를 선택한 것이고, 그리하여 적어도 상대적인 가치를 삶에 대하여 인정하게 된다. 절망의 문학은 결국 무엇을 뜻하는가? 절망은 말이 없다. 눈이 말하면, 침묵조차도 의미를 갖는다. 진짜 절망은 임종, 무덤 또는 심연이다. 절망이 말한다면, 절망이 추론한다면, 절망이 특히 글을 쓴다면, 곧바로 형제가 우리에게 손을 내밀고 나무가 정당화되며 사랑이 태어난다. 절망의 문학이라는 말 자체가 하나의 모순이다.

물론 낙관주의 따위는 나와 상관없다. 나는 내 나이의 모든 사람들처럼 제1차 세계대전의 북소리를 들으면서 자랐고, 이후 우리 역사는 살해, 불의 또는 폭력이길 그친 적이 없다. 하지만 우리가 만나게 되는 진짜 염세주의는 그토록 만연한 잔인함과 파렴치에 대해 한 술 더 뜨는 태도에 있다. 나로서는 이 수치에 맞서 싸우길 그친 적이 결코 없고, 오로지 잔인한 인간들만을 증오한다. 가장 어두운 우리의 염세주의에서 나는 다만 그 염세주의를 극복할 이유들만을 찾고자 했다. 한데 그것은 미덕에 의한 것도, 희귀한 영혼의 고양에 의한 것도 아니었다. 그것은 내가 태어났고 수천 년 이래 인간들이 고통 속에서까지 삶에 인사를 건네는 법을 배운 빛에 대한 본능적 충실에 의해서였다. 아이스킬로스는 자주 절망적이다. 하지만 그는 빛나며 다시 덥혀준다. 그의 세계의 중심에서 우리가 발견하는 것은 빈약한 무의미가 아니라 수수께끼, 다시 말해 눈부신 까닭에 해독하기 어려운 하나의 의미이다. 마찬가지로 이 앙상한 세기 속에서 아직도 생존하고 있는, 부족하되 고집스럽게 충실한 그리스의 아들들에게 우리 역사의 화상(火傷)은 참을 수 없는 것으로 보일 수 있지만, 그들이 결국 그것을 참아내는 것은 그것을 이해하고자 하기 때문이다. 비록 어두운 것일지언정, 우리 작품의 중심에는 마르지 않는 하나의 태양이, 오늘 평원과 언덕을 가로지르며 외치는 것 같은 태양이 빛나고 있다.

이런 다음에는 삼 부스러기 불이 타올라도* 그만이다. 우리가 어떤 모습으로 보이건, 우리가 무엇을 찬탈하건, 무슨 상관이란 말인가? 우리는 어떠하고, 또 어때야만 하는가의 문제만으로도 우리 삶을 채우고 우

* 카뮈는 원서상 이 글의 앞에 수록된 글에서 영예는 한낱 연기처럼 허망한 것임을 잊지 않기 위해 종종 삼 부스러기를 태웠던 교황 알렉산데르 6세(1431~1503)의 일화를 언급하고 있다.

리 노력을 쓰기에 충분하다. 파리는 하나의 멋진 동굴이어서, 그곳 사람들은 안쪽 벽에 자신들의 그림자가 움직이는 것을 보면서 그것을 스스로의 유일한 현실로 간주한다. 이 도시가 나누어 주는 기이하고 덧없는 명성 또한 마찬가지이다. 하지만 우리는 파리로부터 멀리 떨어진 곳에서, 하나의 빛이 우리 등 뒤에 있고, 우리는 몸을 돌려 우리의 인연을 내던지면서 그 빛을 정면으로 바라보아야 하며, 죽기 전 우리의 책무는 모든 말들을 통해 그 빛을 명명하려고 애쓰는 일이라는 사실을 배웠다. 예술가는 아마도 저마다 자신의 진리를 찾는다. 만약 그가 위대하다면, 각각의 작품은 그를 그 진리에 더욱 가깝게 해주고, 아니면 적어도 이 중심, 곧 모든 것이 어느 날엔가 와서 불타오를 감춰진 태양 둘레를 한층 더 가깝게 맴돈다. 그가 보잘것없다면, 각각의 작품은 그를 진리에서 멀어지게 하며, 중심은 도처로 흩어지고 빛은 해체된다. 그러나 예술가의 고집스러운 탐색 속에서 오로지 그를 도울 수 있는 것은 그를 사랑하는 이들, 그리고 또한 스스로 사랑하거나 창조하면서 자기들의 열정 속에서 모든 열정의 척도를 발견하는, 그리하여 판단할 줄 아는 이들이다.

그렇다, 이 모든 소리…… 평화란 사랑하고 침묵 속에서 창조하는 것일 텐데! 그러나 인내할 줄 알아야 한다. 얼마 있으면 태양이 입들을 봉해버릴 것이다.

—『여름』

티파자로의 귀환

그렇지만 나는 어쩌면 티파자로 돌아갈 순간 말고는 내가 무엇을 기다리는지 미처 알지도 못한 채 고집을 부리고 있었다. 젊음의 장소로 돌아가 스무 살 나이에 사랑했거나 아니면 열렬히 향유했던 것을 마흔 살이 되어 다시 살고자 하는 것은 확실히 커다란 미친 짓이며 거의 언제나 응징당하기 마련이다. 이러한 미친 짓에 대하여 나는 이미 경고를 받은 적이 있었다. 젊은 시절의 끝이었던 전쟁 얼마 뒤 나는 벌써 한 차례 티파자에 갔었다. 나는 거기서 내가 잊을 수 없었던 자유를 되찾길 희망했던 것 같다. 실제로 이십 년도 더 전에 나는 그곳에서 폐허 사이를 헤매며 향쑥 냄새를 들이켜고 돌에 기대어 몸을 달구다가 봄에도 꽃이 피지만 금세 져버리는 작은 장미들을 찾아다니면서 온 아침나절을 보냈다. 정오가 되어서야, 다시 말해 매미들조차 녹초가 되어 입을 닫는 시각이 되어서야 비로소 나는 탐욕스럽게 타오르며 모든 것을 집어삼키는 빛으로부터 도망치곤 했다. 밤이면 가끔 나는 별이 흘러넘치는 하늘 아래에서 눈을 뜬 채로 잤다. 그때 나는 살고 있었다. 십오 년 후 나는 나의 폐허를 되찾았고, 가까운 파도에서 몇 발자국 떨어진 곳에서 슬픈 나무들로 뒤덮인 들판을 가로질러 잊힌 도시의 길을 따라가다가, 만을 내려다보는 언덕 위에서 빵의 빛깔을 띤 원주(圓柱)들을 어루만졌다. 그러나 이제는 폐허 둘레에 철조망이 둘러쳐져 있고, 허용된 문턱들을 통해서만 그리로 들어갈 수 있었다. 도덕적인 이유 때문인 듯 밤에는 그곳을 산책하는 것도 금지되어 있고, 낮에는 선서(宣誓)를 한 경비원과 마주치곤 했다. 아마도 우연이겠지만, 그날 아침 폐허 전역에는 비가 내리고 있었다.

[…]

하지만 그 세월 내내 나에게는 막연하지만 무엇인가가 결여되어 있었다. 열렬히 사랑할 기회를 한 번 가진 사람은 또다시 그 열기, 그 빛을 찾으면서 삶을 보내기 마련이다. 아름다움과 이 아름다움에 연결된 관능적 행복의 포기, 그리고 오로지 불행에 대한 외곬의 섬김은 내가 갖고 있지 않은 위대함을 요구한다. 하지만 어쨌거나 배제하는 것치고 참된 것은 아무것도 없다. 고립된 아름다움은 결국 얼굴을 찡그리게 하고, 혼자만의 정의는 마침내 억압하기에 이른다. 한 사람을 섬기려는 사람이 다른 사람을 배제하면, 그는 결국 아무도 섬기지 못하고, 심지어는 자기 자신조차 섬기지 못하면서 결국 곱절로 불의를 섬기게 된다. 완고한 나머지 더 이상 아무것도 경탄할 줄 모르며 모든 것은 이미 아는 것이고 삶이 그저 되풀이에 불과한 날이 온다. 그것은 유형(流刑)과 메마른 삶과 죽은 영혼의 시간이다. 다시 살기 위해서는 은총, 자기 망각 또는 고향이 있어야 한다. 어느 날 아침 길모퉁이에서 감미로운 이슬방울이 가슴에 떨어지고 이내 증발해 버린다. 하지만 신선함은 여전히 남아 있으니, 가슴이 요구하는 것은 언제나 그 신선함이다. 나는 다시 떠나야만 했다.

그렇게 알제에서, 결정적인 것으로 생각했던 떠남 이래 결코 그치지 않은 듯 여겨지는 똑같은 소나기 아래를 두 번째로 다시 걸어가면서 나는 비와 바다 냄새를 풍기는 거대한 우울 가운데, 안개 덮인 하늘과, 퍼붓는 빗줄기 아래 도망치는 사람들의 등과, 유황 같은 빛이 얼굴들을 풀어진 듯 보이게 하는 카페들에도 불구하고, 고집스럽게 희망했다. 한데 알제의 비는 절대 그치지 않을 것처럼 여겨지는 기세와 달리 한순간 멎는다는 사실을 나는 알고 있지 않았던가? 단 두 시간 만에 한껏 부풀어 올라서는 여러 헥타르의 땅을 휩쓸다가 대번에 말라버리는 나의 고향의 강들처럼 말이다. 과연 어느 날 저녁 비가 그쳤다. 나는 하룻밤을 더 기다렸다. 맑은 바다 위로 투명한 아침이 눈부시게 올랐다. 물에 씻기고 또 씻기어 눈처럼 산뜻하며 연속적인 헹굼으로 가장 섬세하고 가장 선명한 올이 드러난 하늘로부터 떨리는 빛이 내려와 각각의 집과 나무에게 선명한 윤곽과 경이로운 새로움을 주었다. 세상의 아침에 대지는 바로 그 같은 빛 속에서 나타났으리라. 나는 다시 티파자를 향해 길을 나섰다.

나에게는 육십구 킬로미터에 달하는 길의 어느 부분도 기억과 감동으로 뒤덮이지 않은 데가 없다. 맹렬한 유년기, 버스의 부르릉거림 가운데 몽상에 잠기던 소년기, 아침, 산뜻한 소녀들, 해변, 언제나 한껏 사용되는 젊은 근육, 저녁이면 열여섯 살의 가슴에 스미던 가벼운 고뇌, 삶에의 욕망, 영광, 그리고 세월이 가도 언제나 똑같기만 한 하늘. 힘과 빛이 마르지 않으며 만족할 줄을 모르는 그 하늘은 여러 달 동안 정오의 음산한 시각이면 해변에 십자가 모양으로 바쳐진 제물들을 하나씩 하나씩 집어삼킨다. 마찬가지로 언제나 똑같은 바다. 아침에는 거의 보이지 않던 그것을 나는, 사헬과• 그곳의 청동빛 포도밭 구릉을 벗어난 길이 해안 쪽으로 내려가기 시작할 때, 지평선 끝에서 다시 되찾았다. 하지만 바다를 보기 위해 멈추지는 않았다. 나는 슈누아산을, 곧 단 한 개 덩어리의 선명한 윤곽을 드리운 채 티파자만(灣)을 따라가다가 아예 바다로 내려가 버리는 그 육중하고 견고한 산을 다시 보길 욕망했다. 도착하기 훨씬 전부터, 그것은 아직도 여전히 하늘과 혼동되는 가볍고 푸른 증기의 모양으로 멀찌감치 눈에 들어온다. 그러나 가까이 다가감에 따라 그것은 점차 응축되다가 마침내 그것을 둘러싼 물의 빛깔을 띤다. 움직임을 잃어버린 커다란 파도. 그 놀라운 비약의 한중간에, 갑자기 잠잠해진 바다 위에서 거칠게 응고되어 버렸다고나 할까. 더 가까이 가서 거의 티파자 문 앞에 도착하면, 갈색과 초록색을 띤 준엄한 덩어리가, 다시 말해 나도 그 중 하나인 아들들에게 피난처이자 항구로서 아무것도 흔들지 못할 이끼 뒤덮인 늙은 신이 거기 있다.

슈누아산을 바라보면서 나는 마침내 철조망을 넘어 폐허 한가운데로 들어갔다. 그리고는 살아 있는 동안 다만 한두 번이라도 보면 다행이고

• 북아프리카 지중해 연안의 구릉지대

그런 다음에는 스스로가 복받았다고 여기게 되는 십이월의 찬란한 햇빛 아래에서 정확히 내가 구하러 온 것을 되찾았다. 시절과 세상에도 불구하고 그것은 그 적막한 자연 속에서 오롯이 나에게만 제공되어 있었다. 올리브가 흩뿌려진 포럼에 서니 저 아래로 마을이 보였다. 아무런 소리도 그로부터 올라오지 않았으나, 가벼운 연기가 투명한 공기 속으로 올라가고 있었다. 차갑고 찬란한 햇빛의 간단없는 소나기 아래 숨이 막힌 듯, 바다 역시 침묵을 지켰다. 슈누아산에서 온 수탉의 먼 울음소리가 낮의 허약한 영광을 홀로 기렸다. 폐허 쪽으로는 눈이 닿는 데까지, 곰보처럼 얽은 돌들과 향쑥, 그리고 수정처럼 투명한 하늘 위로 완벽한 자태를 드러낸 나무와 원주들뿐이었다. 마치 아침 시간이 고정되어 태양은 계산할 수 없는 순간 동안 운행을 멈춘 것 같았다. 그 빛과 침묵 속에서 분노와 어둠의 세월들이 천천히 용해되었다. 나는 거의 잊힌 내 안의 소리에 귀를 기울였다. 오래전에 멈춘 나의 심장이 천천히 다시 뛰기 시작하는 것 같았다. 이제 깨어난 나는 침묵을 이루는 감지할 수 없는 소리들을 하나하나 알아보았다. 새들의 지속적인 저음, 바위 아래서 바다가 내쉬는 가볍고 짧은 한숨, 나무의 떨림, 원주들의 눈먼 노래, 향쑥이 서르 스치는 소리, 슬그머니 달아나는 도마뱀들. 나는 그런 소리들을 들었고, 내 안에서 오르는 행복한 물결에도 귀를 기울였다. 적어도 한순간이나마 나는 마침내 항구에 돌아온 것 같았으며, 이 순간은 이제 끝나지 않을 것처럼 여겨졌다. 그러나 조금 뒤 하늘의 태양이 눈에 띄게 한 단계 올랐다. 티티새 한 마리가 짧은 전주를 시작하자, 곧 사방에서 새들의 노래가 힘과 환희와 즐거운 불협화음과 무한한 황홀로 폭발했다. 하루가 운행을 시작한 것이다. 그것은 나를 저녁으로 데려다줄 것이었다.

정오에 반쯤 모래로 이루어져 있으며 헬리오트로프와, 요 며칠 사나웠던 파도가 물러가면서 남겼을 거품으로 뒤덮인 비탈에서 그 시각이면 지친 움직임으로 거의 움직이는 둥 마는 둥 하는 바다를 바라보면서 나는 두 갈증을 채웠다. 존재가 메마르지 않고서는 오래 속일 수 없는 두 갈증, 그것은 사랑과 찬미이다. 사랑받지 못하는 데는 단지 불운이 있을 따름이다. 그러나 사랑하지 못하는 곳에는 불행이 있다. 이 불행으로 오늘날 우리 모두는 죽어가고 있다. 피와 증오가 가슴 자체를 황량하게 만들고 있는 것이다. 정의의 긴긴 요구는 그것을 낳은 사랑을 메마르게 한다. 우리가 살고 있는 아우성 속에서 사랑은 불가능하고 정의는 충분하지 못하다. 바로 그렇기 때문에 유럽은 낮을 증오하며 스스로에게 불의를 마주 세울 줄밖에 모르는 것이다. 그러나 정의가 말라 오그라들어 쓰고 마른 과육만을 품은 고약한 오렌지 과일이 되지 않도록, 하나의 신선함, 하나의 기쁨의 근원을 자기 안에 고이 간직하고 있어야만 한다는 것, 불의를 모면하는 낮을 사랑해야 한다는 것, 그리고 그렇게 정복한 빛과 더불어 싸움으로 돌아가야 한다는 것을 나는 티파자에서 다시 발견했다. 나는 여기서 오래된 아름다움, 곧 젊은 하늘을 되찾았고, 우리의 광기가 최악에 달했던 시절에도 이 하늘의 기억이 나를 결코 떠나지 않았음을 깨달으면서 나의 행운을 가늠했다. 결국 내가 절망하지 않도록 했던 것은 이 하늘이었다. 티파자의 폐허가 우리의 작업장이나 파괴의 잔해보다 더 젊다는 것을 나는 항상 알고 있었다. 여기서 세계는 언제나 새로운 빛 속에서 매일 다시 시작하고 있었던 것이다. 오 빛이여! 이 외침은 고대의 극(劇)에서 운명 앞에 선 모든 인물이 던지는 외침이다. 이 최후의 호소는 또한 우리의 것이기도 하며 나는 이제 그것을 알고 있었다. 겨울의 한가운데에서 나는 마침내 내 안에 불굴의 여름이 있음을 배웠던 것이다.

—『여름』

스웨덴 연설

1957년 12월 10일

여러분의 자유 한림원이 저에게 베풀어 주신 이 영예를 받으면서 제가 느낀 감사의 마음은, 이 보상이 제 개인적 공적을 얼마나 크게 넘어서는 것인지 제가 잘 헤량하는 만큼, 더욱더 깊은 것이었습니다. 모든 인간, 하물며 모든 예술가는 인정받길 원합니다. 저 역시 그러합니다. 하지만 여러분의 결정을 알게 되었을 때 그것이 갖는 반향을 실제의 저 자신에 견주어 보지 않을 수 없었습니다. 거의 젊다고 할 수 있고 가진 것이라고는 오로지 의심들과 여전히 작업 가운데 있는 작품뿐이며 고독하게 일하거나 친구들과 조용히 지내는 데 익숙한 사람이 오롯이 자신에게 국한되어 홀로 강렬한 빛의 한복판에 서 있게 만드는 결정을 듣고 어떻게 일종의 패닉을 느끼지 않을 수 있었겠습니까? 또한 유럽의 가장 위대한 작가들이 침묵을 강요당하고 있는 이 시각, 그리고 자신의 고향이 그치지 않는 불행을 겪고 있는 이때, 어떤 마음으로 이 영예를 받아들일 수 있었겠습니까?

저는 그 같은 당혹, 그 같은 내적 동요를 겪어야만 했습니다. 평온을 되찾기 위하여 저는 결국 너무나도 관대한 행운과의 관계를 정리할 필요가 있었습니다. 제 공적에만 기대어 이 행운에 필적할 수 없었던 제가 도움을 구한 것은 제 평생에 걸쳐 가장 모순된 상황 속에서도 저를 지탱해 주었던 것, 곧 제 예술과 작가의 역할에 대하여 제가 하고 있는 생각뿐입니다. 감사와 우정을 느끼면서 제가 할 수 있는 가장 단순한 방식으로 그 생각이란 도대체 어떠한 것인지 여러분께 말씀드리는 것을 허락해 주시기 바랍니다.

개인적으로 저는 예술 없이는 살 수가 없습니다. 그러나 저는 이 예술을 모든 것 위에 둔 적이 결코 없습니다. 도리어 이 예술이 저에게 꼭 필요하다면 그것은 그것이 그 누구와도 유리되지 않을 뿐더러 제가 제 모습 그대로 모두의 높이에서 살게 해주기 때문입니다. 제가 보기에 예술은 고독한 즐거움이 아닙니다. 그것은 공통의 아픔과 즐거움을 하나의 특권적 이미지를 통해 제공하면서 가장 많은 사람들을 감동시키는 방법입니다. 따라서 그것은 고립되어서는 안 된다는 의무를 예술가에게 부과합니다. 예술은 예술가를 가장 소박하고 가장 보편적인 진실에 복종하게 합니다. 종종 다르다고 느끼기 때문에 예술가의 운명을 선택한 이는 결국 모두와의 비슷함을 고백함으로써만 스스로의 예술과 스스로의 다름을 먹여 살릴 수 있음을 금방 깨닫게 됩니다. 예술가는 자신과 타인들 간의 항구적 오고 감 속에서, 그로서는 결코 결핍될 수 없는 아름다움과 그가 빠져나올 수 없는 공동체 사이에서 스스로를 벼립니다. 이러한 까닭에 진정한 예술가는 아무것도 무시하지 않습니다. 그는 판단하는 대신에 이해하도록 스스로를 강제합니다. 만약 그가 이 세계에서 어떤 편을 든다면 그것은, 니체의 위대한 말대로 더 이상 판관이 아니라, 노동자이건 지식인이건 창조자가 지배하는 사회일 것입니다.

작가의 역할은 그렇듯 험난한 의무들과 유리되지 않습니다. 당연히 작가는 오늘날 역사를 주도하는 이들을 위해 봉사할 수 없습니다. 그는 역사를 감수하는 이들을 위해 봉사합니다. 그렇지 않으면 그는 혼자이고 자기 예술을 박탈당합니다. 수백만 명을 거느린 모든 폭압의 군대들도 그를 고독으로부터 끌어내지 못할 것입니다. 설사 그리고 특히 그가 그 군대들을 따르기로 한다면 그렇습니다. 반면에 세계의 반대쪽에서 수모를 겪고 있는 모르는 죄수의 침묵만으로도 작가를 유형으로부터 구해내기에 충분합니다. 적어도 그가 자유의 특권 가운데 그 침묵을 잊지 않고 예술의 방법들을 통하여 그 침묵이 울려 퍼지도록 하기에 이른다면 말입니다.

우리 가운데 누구도 그러한 사명을 감당하기에 충분하리 만치 위대하지 못합니다. 그러나 삶의 온갖 상황 속에서 무명이거나 아니면 잠시 유명하거나, 폭압의 구속에 던져져 있거나 아니면 잠시 표현의 자유를 누리거나, 작가는 그를 정당화시켜 주는 살아 있는 공동체의 감정을 되찾을 수 있으니, 이는 그의 직업의 위대함을 이루는 두 가지 책무, 곧 진실에의 봉사와 자유에의 봉사를 그의 힘이 닿는 만큼 받아들인다는 조건 아래서입니다. 그의 사명은 가능한 많은 사람들을 모으는 데 있으므로, 그는 거짓말과 예속을 수긍할 수 없습니다. 이것들이 지배하는 곳에서는 고독이 만연하게 되기 때문입니다. 우리의 개인적 나약함이 어떤 것이든, 우리 직업의 고귀함은 지키기 힘든 두 약속, 곧 아는 것에 대한 거짓말의 거부와 억압에 대한 저항에 언제나 뿌리를 둘 것입니다.

이십 여 년 동안의 광분하는 역사 속에서 제 연배의 모든 사람들처럼 격동하는 시간 가운데 대책 없이 길을 잃었던 저를 지탱해 준 것은 오늘날 글쓰기가 하나의 명예라는 막연한 감정이었습니다. 글을 쓰는 행위는 하나의 의무를, 단지 글을 쓰는 데 머무르지 않을 의무를 부과했던 까닭입니다. 그것은 특히 저와 같은 역사를 살고 있던 모든 이들과 더불어 제 모습 그대로, 그리고 제 힘이 닿는 만큼, 우리가 공유하던 불행과 희망을 제가 짊어지도록 했습니다. 제1차 세계대전 초기에 태어나 히틀러의 집권과 최초의 혁명재판이 동시에 자리를 잡던 때 스무 살이 되고, 이어서 일종의 마무리 교육으로서 스페인 내전, 제2차 세계대전, 집단 수용소, 고문과 감옥의 유럽에 직면해야만 했던 그 사람들은 오늘날 핵에 의한 파괴로 위협받는 세계 속에서 자식들과 작품을 길러야만 합니다. 아무도 그들에게 낙관주의자가 되라고 요구할 수 없을 것입니다. 저는 심지어, 절망을 내세워 불명예의 권리를 요구하며 당대의 허무주의 속으로 뛰어들었던 이들에 맞서 싸우길 그치지는 않되 그들의 오류를 이해해야만 한다는 의견입니다. 하지만 나의 고향에서, 그리고 유럽에서 우리 대부분은 허무주의를 거부했고 어떤 정당성을 탐색했습니다. 다시 태어나기 위해 재난의 시대에 필요한 삶의 기술을 벼려내고, 이어서 우리 역사 속에서 작동하고 있는 죽음의 본능에 대항하여 얼굴을 드러내놓고 싸워야만 했습니다.

각 세대는 확실히 자기들이 세계를 개조할 사명을 갖고 있다고 생각합니다. 그렇지만 제가 속한 세대는 그것을 해내지 못하리라는 것을 압니다. 한데 저희 세대의 책무는 어쩌면 더 크다고 할 수 있습니다. 그 책무란 세계가 망가지는 것을 막는 일입니다. 타락한 혁명들, 미쳐버린 기술, 죽은 신, 그리고 쇠진한 이데올로기들이 뒤섞이며, 오늘날 무능한 권력이 모든 것을 파괴할 수 있되 더 이상 설득할 줄 모르고, 비천해진 지성이 증오와 억압의 시녀가 되어버린 타락한 역사의 상속자인 저희 세대는 오로지 부정(否定)들만으로써 삶과 죽음의 존엄을 이루는 것을 스스로의 안과 둘레에 얼마간 회복시켜야만 했습니다. 우리의 위대한 종교재판관들이 죽음의 왕국을 영구히 수립할 위험이 있는, 해체를 위협받고 있는 세계 앞에서 저희 세대는 시간과의 미친 듯한 경주 가운데 나라들 사이에 예속이 아닌 진정한 평화를 복원하고 노동과 문화를 새로이 화해시키며 모든 인간과 더불어 언약의 궤를 다시 만들어야만 할 것이라는 사실을 알고 있습니다. 저희 세대가 이 거대한 책무를 완수할 수 있을지는 확실하지 않습니다. 하지만 분명한 것은 세계 도처에서 저희 세대는 벌써 진실과 자유라는 이중의 목표를 내걸고 있으며, 이를 위해 경우에 따라서는 증오 없이 죽을 수도 있다는 사실입니다. 저희 세대는 그들이 처해 있는 도처에서, 그리고 특히 그들이 스스로를 희생하는 곳에서 경의와 격려를 받을 자격이 있습니다. 어쨌거나 여러분의 깊은 동의를 확신하는 저로서는 여러분이 저에게 베풀어 주신 영예를 그들에게로 돌리고자 합니다.

이렇듯 글 쓰는 직업의 고귀함에 대하여 말하면서 저는 작가를 그의 진정한 자리에 데려다 놓은 셈입니다. 작가는 사실 그가 투쟁의 동료들과 공유하는 권리 외에 다른 권리를 갖고 있지 않습니다. 상처받기 쉽지만 고집스럽고, 부당할 수 있지만 정의에 열광하는 그는 모두가 보는 앞에서 부끄러움도 오만도 없이 작품을 구축하고 늘 고통과 아름다움 사이에서 번민하며 자신의 이중적 존재로부터 창조를 이끌어 내는 데 매진합니다. 이 창조는 그가 역사의 파괴적 움직임 속에서 집요하게 수립하고자 시도하는 것입니다. 이럴진대 누가 그에게서 판에 박은 해결책과 허울 좋은 도덕을 기대할 수 있겠습니까? 진실은 신비롭고 손에 잡히지 않으며 언제나 정복해야만 하는 것입니다. 자유는 위험하고, 고구적인 만큼 살아내기가 힘듭니다. 이 두 목표를 향해 우리는 그토록 먼 길에서 때로 지쳐 쓰러질 것을 미리 각오하고 힘겹게, 그러나 결연하게 걸어가야만 합니다. 이제 어느 작가가 아무런 거리낌 없이 미덕을 설파할 수 있겠습니까? 저의 경우 조금도 그러하지 않다는 사실을 한 번 더 말씀드려야 하겠습니다. 저는 빛, 존재의 행복, 그리고 제가 성장한 자유로운 삶을 결코 포기할 수 없었습니다. 비록 이러한 향수가 제게서 많은 오류와 과오의 원인이 되기도 하지만, 그것은 분명 제가 제 직업을 더 잘 이해하도록 도왔고, 오로지 짧고 자유로운 행복의 기억이나 회복 덕분에 그들에게 주어진 삶을 세계 속에서 묵묵히 견뎌내고 있는 모든 말없는 사람들 곁에서 제가 맹목적으로 서 있을 수 있도록 지금도 여전히 돕고 있습니다.

이렇게 제 실제의 모습, 한계, 부채, 그리고 어려운 신념으로 되돌아오고 보니, 여러분이 제게 베풀어 주신 영예의 폭과 넉넉함을 마지막으로 더 자유롭게 보여드릴 수 있음을, 또한 저와 같은 싸움을 공유하지만 아무런 특전도 받지 못했을 뿐더러 도리어 불행과 박해를 겪은 모든 이들에게 표하는 하나의 경의로서 제가 이 영예를 받고자 한다는 사실을 더 자유롭게 말씀드릴 수 있음을 느끼게 됩니다. 끝으로 여러분께 정말로 마음 깊이 감사드리며, 제가 느끼는 고마움에 대한 개인적 증언으로서, 모든 진정한 예술가가 매일매일의 침묵 속에서 스스로에게 다짐하는 충실함이라는 늘 같은 오래된 약속을 여러분 앞에서 공개적으로 드리고자 합니다.

— *『스웨덴 연설』*

옮긴이의 말

1. 카뮈와 프랑스 실존주의

알베르 카뮈(Albert Camus, 1913~1960), 장폴 사르트르(Jean-Paul Sartre, 1905~1980), 시몬 드 보부아르(Simone de Beauvoir, 1908~1986)로 대표되는 프랑스 실존주의는 한국 사회에 꾸준한 영향을 끼쳐왔다. 인간 존재에 대한, 형이상학적 문제에 대한 관념적이고 추상적인 접근 대신에 역사적·사회적 상황 속에서의 인간을 질문하는 프랑스 실존주의가 일제강점기를 막 벗어나 광복을 맞이한 시기에, 그리고 전쟁과 그 이후의 신산한 시기에, 이 세상 속 삶의 윤리와 나아갈 길을 모색하던 한국 사회의 관심을 끈 것은 어찌 보면 자연스럽다고 하겠다.

사르트르의 경우 카뮈에 비해 철학적 면모가 더 강한 그의 실존주의 이론에 의해, 그리고 특히 한국문학에서 순수 참여 논쟁을 촉발한 그의 문학론 『문학이란 무엇인가』(1948)를 통해 지대한 영향을 미쳤다. 보부아르는 잘 알려진 대로 이제 페미니즘의 고전이 된 『제2의 성』(1949)을 썼다. 그러나 이렇듯 예외적인 영향력을 지닌 사르트르와 보부아르보다 더욱 폭넓고 더욱 깊은 사랑을 받아왔고 또 지금도 여전히 받고 있는 작가가 카뮈다. 여기에는 『프랑스 문학사』의 저자 귀스타브 랑송이 평가하는 것처럼, 사르트르에 비해 "덜 형이상학적인" 작품,• 다시 말해 사르트르보다 더 서정적이고 더 시적인 작품이 커다란 역할을 했을 것이다. 그러나 그것이 전부일까? 카뮈라는 사람에게는, 카뮈의 글에는 깊은 감동을 주는 인간적 아름다움이 있다. 인상적인 것은 카뮈 작품의 호소력이 전 세계적인 것이라는 사실이다.

카뮈는 소설을 비롯하여 희곡과 에세이 등 다양한 장르를 섭렵했다. 많지는 않지만 시를 쓰기도 했다. 에세이의 경우 철학적 어조가 강한 에세이와 서정적인 에세이가 공존하고 있다. 철학적 에세이는 거의 항상 서정적 요소를, 서정적 에세이는 철학적 요소들을 저변에서 포함한다.

2. 카뮈의 세계

카뮈 자신이 『표면과 이면』(1937)의 「서문」에서 밝히고 있는 것처럼, 그의 삶, 그리고 문학과 관련하여 주목할 근원적인 두 요소는 빛과 가난이다. 그는 1913년 11월 7일 알제에서 동쪽으로 195킬로미터 떨어진 몽도비(Mondovi)에서 포도주 도매상 및 포도원 직원의 아들로 태어났다. 그의 아버지는 제1차 세계대전에 참전했다가 전사했고, 문맹에 사고력

• 귀스타브 랑송·폴 튀프로, 『불문학사』, 하, 정기수 옮김, 을유문화사, 303쪽.

이 온전치 못한 어머니가 얼마 안 되는 종신연금을 받으면서 가정부로 일하여 가족들을 부양했다. 이렇듯 어려운 형편 속에서 그는 장학금을 받아 어렵게 상급학교에 진학할 수 있었다. 카뮈의 가난과 관련하여 인상적인 일화가 하나 있다. 한국에도 잘 알려진 산문집 『섬』(1933)의 저자로서 알제대학 철학 교수였던 장 그르니에가 어느 날 제자 카뮈가 사는 동네에 갔다가 예고 없이 그의 집을 방문하고는 그 가난한 모습에 충격을 받았는데, 그 가난은 그에게 아예 "관념 자체가 없는 가난"이었다는 것이다.• 이러한 가난을 카뮈는 일찍부터 아프게 의식할 수밖에 없었고 심지어 그에 대해 부끄러움을 느끼기도 했다. 하지만 그렇다고 해서 가난을 감추지는 않았다. 비참이라고 부를 수밖에 없을 극빈의 상태를 그는 가감 없이 술회한다.

중요한 것은 가난이 카뮈의 발목을 잡지 않았다는 사실일 것이다. 그는 알제에서, 특히 알제의 해변에서 무상으로 넘치도록 주어지는 햇빛에서, 햇빛 아래 바다에서, 그 바다에서의 수영에서, 세계가 인간에게 제공하는 풍요를, 그가 마지막까지 소중하게 여기고 열렬히 찬미해 마지않았던 지상의 부를 발견하고 향유한다. 빛이 그의 가난을 상쇄해 주었던 것인데, 이 빛은 그저 육체적·관능적 쾌락에 그치지 않는다. 그것은 육체를 넘어 글쓰기로까지 연결된다.

• « Chronologie », in Albert Camus, *Œuvres complètes*, T. 1, Paris, Gallimard, coll. « La Bibliothèque de la Pléiade », 2006, p.LXXII.

> 그러나 내 경우 내 글은 내 행복으로부터 나올 것이다. 글의 잔인한 부분에서조차도 말이다. 나는 내가 수영을 하듯 글을 써야 한다. 내 육체가 요구하기 때문이다.[•]

카뮈는, 프로이트가 말하듯 해소하지 못한 욕망의 대리만족을 의하여, 그게 아니면 어떤 증오에서 출발하여 글을 쓰는 것이 아니라, 삶에 대한 사랑에서 자극을 받아 글을 쓴다. 카뮈의 정신과 마음의 바탕을 엿보게 해주는 위의 구절에서 눈여겨볼 것은 글쓰기와 수영이 연결되어 있다는 점이다. 뜨거운 햇빛 찬란한 바다에서 치는 헤엄은 카뮈의 삶과 문학에서 근본적인 자리를 차지한다. 벌써 우리는 카뮈의 작품이 긍정의 정신과 지상의 행복 위에 구축되어 있다고 말할 수 있다.

가난한 성장기에 카뮈가 이 세계를 호흡하며 삶의 환희를 느꼈던 것은 비단 바다와 햇빛뿐만이 아니었다. 축구도 있었다. 그는 우선 고등학교 팀에서, 이어 AS몽팡시에에서 골키퍼로 뛰었다. 그는 말한다. "내가 나의 축구팀을 그렇게도 사랑했던 이유는 결국, 열심히 뛰고 난 후에 뒤따르는 나른한 피곤함과 더불어 느껴지는 저 기막힌 승리의 기쁨 때문이었고, 또한 패배한 날 저녁이면 맛보게 되는 울음이 터져 나올 것만 같은 그 어리석은 충동 때문이었다."[••] 그러나 1930년 카뮈는 폐결핵을 앓

• Albert Camus, *Carnets 1935~1948*, in *Œuvres complètes*, T. 2, Paris, Gallimard, coll. « La Bibliothèque de la Pléiade », 2006, p.811.

고 이후 더 이상 축구를 할 수 없게 된다. 이 병 때문에 그는 교수의 꿈을 접고, 때로 병이 도져 일을 중단하거나 요양 치료를 받아야만 했다.

카뮈의 삶에는 가난만 있었던 게 아니다. 지상의, 대지의 기쁨을 몸으로 맛보게 해주는 축구를 더 이상 할 수 없게 만든, 나아가 교수로서의 안정된 삶을 불가능하게 만든 질병이 있었다. 하지만 언제나 찾아오는 빛이 그를 위로하며 삶의 기쁨과 환희를 느끼게 하고, 그는 세상을, 그것도 부조리와 폭력이 난무하는 세상을 외면하는 대신 그로부터 삶의 의미를, 그리고 그가 '예술'이라는 이름으로 즐겨 부르는 문학을 이끌어 낸다.

1957년 10월 16일, 카뮈가 노벨문학상 수상자로 지명되었을 때 스웨덴한림원이 밝힌 이유는 "오늘날 인간의 의식에 제기되는 문제들을 조명하는 작품"을 그가 썼다는 것이다.• 노벨상위원회의 이 말은 카뮈의 문학을 간결하게 정리한다. 카뮈의 작품, 곧 소설, 희곡 그리고 다양한 에세이들은 어떤 이데올로기나 개인적 관념, 이상을 논변하는 글이 아니라 시대 속에서 시대와 더불어 살았던 한 인간의 치열한 기록이다. 그는 에릭 홉스봄이 "극단의 시대"라고 부르는•• 20세기 전반부를 치열하게 살아내며(예컨대 제2차 세계대전 당시 목숨을 걸고 레지스탕스 운동에 참

•• <알제대학 주보>(김화영, 「카뮈 연보」, 『이방인』, 책세상, 2002, 285쪽에서 재인용)

• « Chronologie », in Albert Camus, *Œuvres complètes*, T. 1, p.XCV.

•• 이는 홉스봄이 20세기를 조명한 책의 제목이기도 하다.

여하며) 그때그때 절박하고 구체적인 현안들, 곧 전쟁, 살인, 감금, 폭력, 혁명, 독립의 문제들에 대해 자신의 대답을 용기 있게, 뜨겁게 던졌다. 노벨문학상 수상 당시 웁살라대학에서 행한 연설의 제목이 "예술가와 그의 시대"라는 사실은 의미심장하다. 사실 모든 진지한 문학과 예술이 그러하지만, 카뮈의 문학은 그가 몸소 겪은 상황과 현실에서 제기되는 복잡하고 첨예한 문제들에 대한 대답이었고, 어찌 보면 바로 그러한 점이 카뮈의 작품이 세상에 행사하는 매혹의 결정적 요소일지도 모르겠다. 마르셀 프루스트가 『되찾은 시간』에서 말하듯, 문학의 위대함은 아마도 그것이 세상의 온갖 풀리지 않는 난제들에 대해 형상화를 통해, 이미지를 통해 사유한다는 사실에 있을 것이다. 카뮈의 가장 뚜렷한 미덕은 어쩌면 누구보다 거칠고 폭압적인 시대를 살면서 그 체험을 감동적인 이미지로, 문학으로 형상화해 냈다는 데 있겠다는 생각을 해본다.

3. 부조리와 반항

부조리, 더 정확히 부조리의 감정은 인간이 스스로의 존재 이유를 납득하지 못하는 데 있다. 신이 있다면, 아니 신을 믿는다면 문제는 간단하다. 모든 것이 명확하게 조리를 얻기 때문이다. 아무리 이해하기 어려운 충격적인 상황이라고 해도 신을 믿는다면 그것은 조리를 지니며 합당하고 합목적적인 것이 된다. 왜냐하면 그것은 신의 뜻에 의한 것이기 때문이다. 신이 없는 경우 문제는 난감해진다. 갖가지 모순으로 넘쳐나는 부조리한 이 세계를 도저히 설명해 낼 수가 없기 때문이다. 세상이 어디로 가는지, 그 속에서 자신의 역할은 무엇인지 알 수가 없다. 지금 자신이 하는 행동이 어떤 의미를 갖는지 알 도리가 없다. 결국 그는 이 세계에 대해 '이방인(étranger)'임을 절감하기에 이른다.

부조리란 바로 그런 것이다. 카뮈가 『시지프 신화』에서 표현하는 바에 따르면, "인간과 그의 삶"의 분리, 또는 "배우와 무대장치의 절연"이 부조리다. "인간의 호소와 세계의 비합리적 침묵의 맞대면", 또는 "비합리와, 명확함에 대한 미칠 것 같은 열망의 맞대면"이 부조리다.

> 이 자명함, 이것이 부조리다. 그것은 욕망하는 정신과, 실망을 안기는 세계의 이혼이고, 통일성에 대한 나의 향수와 지리멸렬한 이 우주를 한데 묶어놓는 모순이다(『시지프 신화』).

여기서 중요한 것은 이러한 부조리를 정면으로 바라보며 감당해 내는 것이다. 부조리한 삶이지만 그것은 살아낼 만한 가치가 있는 것이고 그 가운데 인간은 기쁨과 행복을 발견할 수 있다. 따라서 부조리를 온몸으로 살아내는 것이 관건이다. 부조리는 살아 있음으로써만 존재하며 자살의 거부이자 생명으로 나타난다.

카뮈의 부조리는 긍정의 정신과 연결되며, 삶과 세계가 제공하는 대지의 아름다움과 빛의 행복을 기꺼이 수긍한다. 시지프는 부조리에 대한 이런 자세를 구현하는 신화적 인물이다. 하염없이 바위를 굴려 올리지만 정상에 이르자마자 바위는 다시 바닥으로 굴러떨어지고, 또다시 바위를 굴려 올리는 몸짓을 되풀이해야 하는 것이 시지프의 비극적 운명이지만, 이런 시지프에게서 삶의 긍정과 환희를 읽어내는 것, 바로 여기에 카뮈가 말하는 부조리 개념의 핵심이 있다.

사르트르에 따르면, 인간은 생명이 약동하는 존재이지만 어쨌거나 의미가 없으므로 부질없고 덧없는 열정에 불과하다. 풀잎의 아침 이슬처럼 이 세계에 잠시 나타났다가 흔적도 없이 증발해 버리는 것, 그야말로 무에서 비롯되어 무로 귀결되는 것이 인간이다.

카뮈에게는 부조리 가운데서도 지켜야 하는 것이 있고 바로 여기에 반항의 윤리가 자리 잡는다. 부조리한 이 세계에서는 집단적·사회적 차원의 살해가 일어난다. 이때 살해에 맞서 '아니오(Non)'라고 말하는 것, 이것이 바로 카뮈가 말하는 반항이다. 중요한 것은 반항의 순간에 인간의 눈에 들어오는 것, 또는 그의 시선이 향하는 것은 자신뿐만 아니라 상대방, 나아가 모든 인간에게 공통된 것, 곧 가치라는 사실이다. 이 가치는 다름 아닌 '인간성'이고, 반항은 따라서 인간성을 지키기 위한 또는 그것을 회복하기 위한 노력이 된다.

이 반항의 개념 때문에 사르트르와 카뮈는 갈라서고, 이후 적대적으로 대립한다. 두 사람 사이에는 대략 두 가지 차이가 있다. 하나는 인간성을 인정하고 추구하는 카뮈와 달리 사르트르는 인간성의 존재 자체를 부정한다는 점이다. 다른 하나는 카뮈가 말하는 집단적·사회적 차원의 살해에 인간성을 침해하고 말소할 가능성을 갖는 혁명이 포함되는 데 반해, 혁명을 추구하는 사르트르는 인간성을 찾는 카뮈에게서 일종의 부르주아적 행태를 본다는 점이다.

사르트르가 인간에게서 어떤 의미도 보려 하지 않는다면, 카뮈는 반항 가운데 인간의 가치를 긍정하고 삶과 환희의 자리를 모색한다. 우연히 있게 된 세계, 부조리한 이 세계에는 어쨌거나 햇빛과 바다와 대지가 있고, 인간은 그 아름다움을 만끽해야 할 의무, 행복의 의무를 갖는다. 이러한 반항을 이야기하는 작품이 『페스트』와 희곡 『정의의 사람들』이라면, 부조리를 주제화한 작품은 『이방인』과 희곡 『칼리굴라』, 『오해』다.

4. 에세이들

카뮈는 세 가지 얼굴을 우리에게 보여주는 듯 여겨진다.

하나는 태양, 바다와 행복한 어울림 가운데 있는 인간, 지상에서 행복한 인간의 얼굴이다. 아름다운 계절이 눈부시게 만개하는 자연과 그 속의 카뮈를 보여주는 「티파자의 결혼」에서, 『이방인』의 해수욕 장면에서 우리는 햇빛 넘치는 지중해의 푸른 물결 가운데 헤엄치다가 모래밭으로 걸어 나오며 소금기 머금은 얼굴로 환히 웃는, 유쾌한 자연인 카뮈를 생각하게 된다.

다른 하나는 가난과 허약한 건강 때문에 삶의 실제적 어려움을 겪지만 그럼에도 불구하고 늠름하고 씩씩한 인간의 얼굴이다. 우리는 그가 어떻게 독일 점령군에 맞서, 세상 곳곳의 폭력과 불의에 맞서 발언하고 투쟁했는지 잘 안다. 『반항인』을 비롯하여 시대를 향해 그가 쓴 많은 글들을 읽으면서 우리가 상상하는 것은 자기 시대를 온몸으로 살아내며 싸우는 진지하고 용기 있는 인간의 얼굴이다.

마지막 하나는 온갖 부정적이고 절망적인 상황에도 불구하고, 인간과 그 인간이 깃들어 사는 세계의 가치를 결코 포기하지 않는 사상가, 작가, 특히 예술가의 성숙하고도 힘찬 얼굴이다.

이 책은 카뮈의 세 얼굴을 잘 보여주는 글들을 그의 에세이 가운데 가려 뽑아 옮겼다.

맨 앞자리의 『표면과 이면』 서문은 카뮈의 작품 전체를 조명해 주는 글이라고 할 수 있다. 이 얇은 에세이 모음집은 카뮈가 23세의 나이로 처음 세상에 내놓은 책인데, 그는 죽기 2년 전인 1958년 이 서문을 써서 새롭게 책을 냈다. 작품 말기에 쓴 글이 시작으로 돌아가서 전체를 비추고 있는 것이다. 자기 예술의 근원을 "빛과 가난"에 위치시키는 이 글은 진정으로 감동적이다. 뒤이은 「아이러니」와 「예와 아니오 사이」는 카뮈의 직접적 체험을 담은 글들로, 그의 어머니와 할머니가 등장한다. 실존이 보여주는 수수께끼 같은 모습들을, 카뮈 특유의 균형, 또는 중용, 절제를 바탕으로 솔직하고 정밀하게 기록하고 있다. 마음에 강렬하고도 긴 여운을 남기며 오래 생각하게 하는 글들이다.

산문집 『결혼』에 수록된 「티파자의 결혼」은 인간이 자연과 세상과 우주와 맺는 행복하고도 찬란한 결혼을 노래한다. 이 글에서 놀랍도록 시적인 화자는 쏟아지는 햇빛 아래 걷고 헤엄치고 차가운 박하 차를 마시고 달콤한 복숭아에 이를 박으며 이 세계와 관능적으로 교통한다. 주목할 것은 이와 같은 결혼이 혼자만의 자리에 머무르는 게 아니라 다른 인간들과의 뜨거운 우애의 자리에 놓인다는 사실이다.

이어지는 여러 글들은 『시지프 신화』와 『반항인』에서 발췌한 글들이다. 삶의 모순과 비합리에 대한 냉철한 인식, 그러나 절망에 빠지는 대신에 그러한 삶을 씩씩하게 긍정하는 카뮈의 부조리 사상과, 인간을 살해하고 말살하는 모든 것에 대해 '아니오'라고 말하고 맞서며 인간의 가치를 확인하고 삶의 윤리를 세우는 그의 반항의 개념을 잘 보여줄 수 있는 대목들을 골라내려고 애썼다.

카뮈의 또 다른 서정적 산문집인 『여름』에서 다섯 편의 글을 뽑았다. 「아몬드 나무」는 추운 겨울을 이겨내고 새로운 계절의 도래와 함께 다시 환한 꽃을 피우는 나무를 찬미한다. 냉소적인 사람들은 이 글이 너무 순진하다고 혹시 생각할 수 있을지도 모르겠다. 하지만 이렇듯 천진하고 긍정적인 자세야말로 카뮈를 가장 뚜렷하게 특징짓는 요소가 아닐까 생각해 본다. 이 글을 읽고 나면 반 고흐의 〈꽃 핀 아몬드 나무〉가 한결 새롭게 다가오지 않을까?

「과거가 없는 도시들을 위한 작은 안내서」는 알제리의 도시들, 곧 알제, 오랑, 콩스탕틴, 그리고 특히 그곳 사람들이 갖고 있는 "매력과 은밀한 힘"을 이야기한다. 이 도시들에서는 멋진 젊은이들, 아름다운 여인들을 볼 수 있고, 아니스 술과 구운 생선과 아랍 음악을 통해 삶의 기쁨을 향유할 수 있으며, 아랍 묘지에서는 평화와 아름다움을 체험할 수 있다. 과거가 없는 이 도시들에서는 역사와 전통 대신에 햇빛과 돌과 바다가 뜨거운 가슴과 풍요로운 영혼을 지닌 사람들에게 새로운 언어를 말한다.

이어지는 「헬레네의 추방」에서 카뮈는, 맹목적 이성으로써 절대와 제국에 도달하겠다는 헛된 꿈들이 어둡고 황량하고 살인적인 것으로 만들어 버린 세상을 바라보며 그리스인들의 사유에서 해결책을 모색한다. 그에게 고대 그리스는 인간과 세계의 한계에 대한 인식, 그리고 아름다움의 추구에 의해 특징지어진다. 지배와 폭력의 양상을 드러내는 현대의 이성주의 철학에 맞서 카뮈는, 고대 그리스인들에게 그 뿌리가 가닿는, 자유와 아름다움을 지향하는 예술을 주창한다.

「수수께끼」는 예술에 대한 성찰이다. 모든 작가, 예술가는 나름의 진리를 찾는다. 한데 이 진리는 감춰져 있어 그게 정확히 무엇인지 알 수가 없고, 따라서 그것은 하나의 수수께끼로 나타난다. 카뮈에게 이 수수께끼는 "감춰진 태양"의 이미지로 형상화되며, 빛은 그러한 태양의 발현이자 매개다. 그가 절망적 세계에서도 용기를 잃지 않고 자신이 창조한 작품들을 통해서 태양의 주위를 맴돌며 그리로 좀 더 가까이 다가가길 염원할 수 있는 힘의 원천은 "빛에 대한 본능적 충실"에 있다. 카뮈에게 인간의 근원적 요소 가운데 하나인 태양과 빛은 예술 창조에서 근본적 의미를 갖는다.

「티파자로의 귀환」에서 카뮈는 대립과 갈등, 전쟁과 살육의 유럽을 떠나 티파자를 다시 찾아가고, 거기서 옛 아름다움을, 특히 "날마다 항상 새로운 빛"을 되찾으며, 사랑을 회복하고자 한다. 물론 "티파자라는 부드러운 이름"의 맞은편에 있는 "요란하고 잔인한 다른 이름"을 잊은 것은 결코 아니다. 그는 서로 모순되는 두 가지를 모두 감당하고자 하지만, 티파자에서의 "한나절의 기억"은 무엇보다도 소중한 것이고, 그가 모순과 부조리의 현실에 맞서 싸울 힘을 불어넣어 주는 근원적 자산으로 작용할 것이다.

1957년 12월 10일, 카뮈는 노벨문학상을 받으면서 『스웨덴 연설』을 했다. 초등학교 시절 어려운 형편의 자신을 가르치고 이끌고 도와준 스승 루이 제르맹에게 바친 이 연설에서 카뮈는 예술과 예술가에 대해, 그리고 진실과 자유에 대해 말하고, 이어서 가장 카뮈다운 주제라고 할 빛의 세계, 삶의 행복, 자유로운 삶에 대해 말한다. 기념비적 순간에 스스로의 삶과 문학을 되돌아보는 근본적인 시선을 우리는 이 글에서 확인한다.

카뮈는 진지하고 용기 있게 자기 시대를 살았고 온갖 모순 속에서도 결코 포기하지 않고 균형과 가치를 찾는 긍정의 자세를 견지했다. 그는 생각과 행동과 예술을 통해 삶의 의미와 인간의 가치, 나아가 윤리를 수립하고자 했고, 그의 작품은 그 같은 노력의 충실한 기록이라고 할 것이다. 아무쪼록 카뮈 에세이의 핵심을 뽑아놓은 이 책이 독자들에게 삶을 향해 보다 밝고 힘찬 발걸음으로 나아가게 하는 격려가 되길 바라 마지않는다. 이 책이 나오도록 애써주신 한울엠플러스의 윤순현, 정은선 선생 및 관계자 여러분께 깊은 감사의 말을 전한다.

2025년 겨울

송진석

작가 연보•

1913년 11월 7일, 알제에서 동쪽으로 195킬로미터 떨어진 몽도비에서 포도주 도매상 및 포도원 직원의 아들로 출생.

1914~1921년, 제1차 세계대전에 참전한 아버지 사망. 문맹인 어머니는 빈약한 종신연금을 받으며 가정부로 일하여 집안 살림을 꾸려나감. 이러한 형편과 관련하여 훗날 카뮈는 말함. "나는 마르크스를 통해 자유를 배운 것이 아니다. 가난을 겪으면서 자유를 배웠다고 해야 할 것이다." 권위적인 동시에 희극적인 외할머니가 회초리를 들고 아이들을 키움. 어머니는 말수가 적고 사고능력이 온전치 못하지만 말없는 눈길로 애정을 표시함.

1923년, 동네의 공립학교에서 2학년 담임교사인 루이 제르맹의 눈에 들어 무료 개인교습을 받으며 중고등학교 장학생 시험을 준비. 카뮈는 이 스승에 대한 감사의 마음을 평생 간직했고, 1957년 12월 노벨문학상 수상 연설을 그에게 바침.

1925~1928년, 먼저 고등학교 팀에서, 이어 알제의 축구클럽 AS몽팡시에에서 골키퍼로 활약.

1930년, 바칼로레아 1부 시험에 합격하여 철학반으로 진급하고, 유명한 산문집 『섬』의 저자인 철학 교수 장 그르니에를 만남. 축구를 하다가 폐결핵에 걸려 입원하여 치료를 받음. 이 질병 때문에 교수가 되려면 들어가야만 하는 고등사범학

• 알베르 카뮈 『전집』의 플레야드 총서 1권에 실린 연보(« Chronologie », in Albert Camus, *Œuvres complètes*, T. 1, Paris, Gallimard, coll. « La Bibliothèque de la Pléiade », 2006)를 바탕으로 작성하였음을 일러둔다.

교 입학을 포기함. 어느 날 그의 집을 방문한 스승 장 그르니에가 가난한 집안 형편에 크게 놀람.

1932년, 잡지 등에 글을 발표하기 시작.

1935년, 친구들과 함께 '노동극단'을 창설하여 연극 활동을 함.

1937년 5월, 산문집 『표면과 이면』 출간.

1939년 5월, 산문집 『결혼』 출간. 일간지 ≪알제 레퓌블리캥≫의 편집기자로 일함.

1940년 1월, ≪알제 레퓌블리캥≫이 발행금지 처분을 받고, 카뮈는 잠시 철학 가정교사로 일함. 3월, 파리로 가서 일간지 ≪파리 수아르≫의 편집기자가 됨. 5월, 소설 『이방인』을 끝낸 듯함. 6월 초, 독일군의 파리 점령이 임박하자 ≪파리 수아르≫ 편집부 사람들과 함께 클레르몽페랑, 보르도, 클레르몽페랑, 리옹으로 옮겨 다님. 12월, 리옹에서 프랑신 포르와 결혼. ≪파리 수아르≫의 감원과 함께 카뮈는 해고당하고, 젊은 부부는 알제리 오랑으로 감.

1941년, 오랑에서 포르 가족이 빌려준 아파트에서 생활. 프랑신은 대체교사로 일하고, 카뮈는 사립학원에서 가르침. 에세이 『시지프 신화』 탈고. 오랑을 배경으로 한 소설 『페스트』 집필 시작. 『이방인』 원고를 읽은 장 그르니에가 미온적 칭찬에 그침. 앙드레 말로는 훨씬 더 열광적인 반응을 보임. 갈리마르 출판사가 『이방인』과 『시지프 신화』를 간행하기로 결정. 두 책은 다음 해에 출간.

1943년 10월, 파리에서 레지스탕스 조직 '콩바(Combat)'• 와 접촉. 11월, 갈리마르 출판사의 출판편집위원이 됨. 12월, 레지스탕스 조직 '콩바'가 비밀리에 발행하는 일간지 ≪콩바≫ 편집의 주요 책임을 맡아, 신문사에 내분이 일어나는 1946년 1월까지 일함. 이후에도 ≪콩바≫에 글을 쓰고, 1947년에는 잠시 운영을 맡기도 함.

• 프랑스어 'combat'는 '전투, 싸움, 투쟁'을 뜻한다.

1944년 6월, 희곡 『오해』 초연. 당대 최고의 배우 가운데 한 사람인 마리아 카자레스가 마르타 역을 연기함.

1945년 9월, 희곡 『칼리굴라』 초연.

1947년 6월, 『페스트』 출간. 이 소설은 카뮈의 저서 중 상업적으로 성공한 최초의 작품임.

1949년 12월, 희곡 『정의의 사람들』 초연.

1951년 10월, 에세이 『반항인』 출간.

1954년 봄, 산문집 『여름』 출간.

1956년 5월, 소설 『전락』 출간.

1957년 3월, 중편소설집 『유형과 왕국』 출간. 10월, "오늘날 인간의 의식에 제기되고 있는 제반 문제들에 빛을 던지는 작품들 전체"에 대해 노벨문학상 수상.

1958년 1월, 노벨문학상 수상 연설과 강연을 수록한 『스웨덴 연설』 출간.

1960년 1월 3일, 친구인 미셸 갈리마르가 운전하는 차를 타고 프로방스 지방에 위치한 루르마랭의 시골집을 출발. 아내 프랑신은 전날 기차로 파리로 돌아감. 이튿날인 1월 4일, 파리가 멀지 않은 곳에서 자동차 사고로 사망.

지은이 알베르 카뮈(Albert Camus)

1913년 알제리 몽도비에서 태어나 알제에서 성장하며 철학을 공부했다. 가난한 집안 형편 때문에 장학금을 받으면서 공부해야 했지만 축구와 연극에서 위로를 얻었다. 그나마 열일곱 살 때 폐결핵에 걸려서 더 이상 축구를 할 수 없을 뿐 아니라 고등사범학교 입학시험을 포기하고 교수의 꿈을 접어야만 했다. 여기에 더해 폐가 때로 문제를 일으켜 고생하기도 했다. 하지만 이러한 상황이 열정적으로 글을 쓰고 친구들과 극단을 창설하여 연극 활동을 하는 것을 방해하지는 못했다. 1942년 부조리 개념을 조명하는『이방인』과『시지프 신화』가 갈리마르 출판사에 의해 간행되어 작가로서의 본격적인 활동을 시작했다. 제2차 세계대전 중에는 비밀리에 간행되는 일간지 ≪콩바≫에 글을 쓰면서 레지스탕스 운동에 참여했다. 1947년 소설『페스트』, 1951년 에세이『반항인』을 발표함으로써, 인간의 가치를 찾는 반항의 주제를 구체화했다. 이 밖에 희곡『오해』,『칼리굴라』,『정의의 사람들』, 산문집『표면과 이면』,『결혼』,『여름』을 썼다. 1957년 "오늘날 인간의 의식에 제기되는 문제들을 조명하는 작품"에 대해 노벨문학상을 받았고, 1960년 46세의 나이에 자동차 사고로 타계했다.

옮긴이 송진석

서울대학교 불어불문학과와 같은 학교 대학원을 졸업하고 프랑스 투르대학에서「쥘리앙 그라크 작품에 나타난 건축 공간의 형태와 의미」로 박사학위를 받았다. 현재 충남대학교 불어불문학과 교수로 재직하고 있으며 프랑스어문화권연구소장으로 일하고 있다. 그라크에 대한 다수의 논문 외 네르발, 루셀, 바타유, 뒤라스, 모디아노 등에 대한 글을 썼고, 지은 책으로『현대문학과 인간의 자리 - 쥘리앙 그라크와 휴머니즘』이 있으며,『시르트의 바닷가』,『햄릿의 망설임과 셰익스피어의 결단』,『마네』,『아프리카의 인상』,『로쿠스 솔루스』,『검은 튤립』 등을 옮겼다.

태양과 바다와 인간

알베르 카뮈 선집

지은이 | 알베르 카뮈
옮긴이 | 송진석
펴낸이 | 김종수
펴낸곳 | 한울엠플러스(주)
편집책임 | 조수임
편집 | 정은선

초판 1쇄 인쇄 | 2025년 12월 10일
초판 1쇄 발행 | 2025년 12월 20일

주소 | 10881 경기도 파주시 광인사길 153 한울시소빌딩 3층
전화 | 031-955-0655
팩스 | 031-955-0656
홈페이지 | www.hanulmplus.kr
등록번호 | 제406-2015-000143호

Printed in Korea.
ISBN 978-89-460-8419-3 03860

※ 책값은 겉표지에 표시되어 있습니다.